CONFERENCES

DE

L'ACADEMIE ROYALE

DE

PEINTURE

ET DE

SCULPTURE.

Par Mr. FELIBIEN,

Sécrétaire de l'Academie des Sciences & Historiographe du Roi.

A LONDRES,

Chez DAVID MORTIER, Libraire dans le Strand, à l'Enseigne d'Erasme.

M. DCCV.

A MONSEIGNEUR COLBERT,

CHEVALIER MAR-
QUIS DE SEIGNE-
LAY Et autres lieux,
Commandeur & Grand Tré-
forier des Ordres de Sa Ma-
jefté, Confeiller ordinaire
en tous fes Confeils, du
Confeil Royal, Controlleur
Général des Finances, Sur-
intendant & Ordonnateur
Général des Bâtimens, Arts
& Manufactures de France.

MONSEIGNEUR,

Si j'ofe vous préfenter ce Livre,
ce n'eft pas feulement pour me préva-

loir d'une protection auſſi puiſſante que la Vôtre ; mais c'eſt encore pour vous rendre compte d'un Ouvrage que j'ai entrepris par l'ordre qu'il vous plut me donner, lorſque dans une Aſſemblée des Peintres & des Sculpteurs de l'Academie Royale que vous honorâtes de vôtre préſence, & où vous leur fiſtes connoître combien il leur ſeroit utile de faire des Conferences, vous me commandâtes en même temps de les recueillir pour en faire part au public.

Ces Conferences, MONSEIGNEUR, ſont le fruit des paroles que vous ſemâtes dans l'Aſſemblée de ces ſçavans hommes, Vous pouvez voir que vos Conſeils ſi judicieux & ſi utiles n'ont pas été répandus dans une terre ingrate, & de quelle ſorte ce Corps que vous rendez ſi célebre par les ſoins que vous en voulez bien prendre, a ſceû profiter des bons avis que vous lui

avez

avez donnez. Aussi qui refuseroit, MONSEIGNEUR, d'écouter des paroles si efficaces, puisque vous leur imprimez tant de force que rien ne les peut empêcher d'agir avec un heureux succez. Je ne veux pas ici parler de ce qu'elles font dans les conseils du Roi lors qu'il faut resoudre les affaires les plus importantes, ou établir son autorité. Je ne dirai pas non plus tout ce qu'elles ont fait pour ce qui regarde la Police & ces Reglemens si avantageux & si necessaires à la seureté & à l'embélissement de cette grande Ville. Je ne toucherai point encore à ce qui concerne la Justice & le Commerce, quoi que l'on en voye sur terre & sur mer des effets si merveilleux. Je ne m'arrêterai qu'à ces beaux Arts que vous rendez non seulement considerables par l'estime que vous en faites, & par l'autorité de vos Charges, mais encore

* 3

par

EPITRE.

par les lumieres que vous leur com-
muniquez, & par les soins que vous
daignez en prendre. Ne voit-on pas
l'Architecture qui commence de pa-
roître ici avec un air aussi grand
& aussi magnifique que quand elle
travailloit autrefois à la somptuo-
sité des Temples de la Grece & de
l'Italie ? Et n'est-ce pas vous,
MONSEIGNEUR, qui l'a-
vez obligée de nous découvrir tou-
tes les beautez qu'elle n'avoit fait
voir qu'aux Grecs & aux Romains;
& qui l'ayant attirée en France,
serez cause que les Etrangers vien-
dront de toutes parts pour s'instrui-
re chez nous comme nous allions
faire autrefois chez eux ? Ne voit-
on pas dans les atteliers des Sculp-
teurs le marbre & la bronze qui
semblent s'animer sous les differen-
tes figures que ces sçavans Ou-
vriers leur donnent, conduits par
les excellentes Instructions qu'ils re-
çoi-

çoivent de vous ? Ne voit-on pas la
Peinture étaler ce qu'elle a de plus
beau, & tout ce que l'Antiquité
trouva jamais en elle de plus grand
& de plus admirable ? Enfin ces
riches Ouvrages dont le Royaume
s'embellit depuis que le Roi a fait
choix de vôtre Personne pour or-
donner de ce qui regarde la splen-
deur de l'Etat, ne sont-ils pas
des effets de vôtre zele pour la
magnificence royale & de vôtre a-
mour pour les beaux Arts ? Aussi
je suis certain, MONSEI-
GNEUR, que ceux qui verront
ces Conferences que l'Academie a
faites dans le temps même que
tout étoit en armes, & qu'il sembloit que ces Arts avoient lieu de
craindre de se voir abandonnez ;
Ceux-là, dis-je, avoüeront que
toutes choses concourent à rendre
les Etats parfaitement heureux
lors qu'ils sont gouvernez par de

* 4

grands

grands Rois qui ont de sages & fideles Miniſtres pour executer leurs volontez. C'eſt le bonheur dont la France joüit aujourd'hui, & dont la longue durée eſt la ſeule choſe que nous avons à demander au Ciel. Ce ſont les vœux de,

MONSEIGNEUR,

Vôtre trés-humble & trés-obeißant Serviteur,

FELIBIEN.

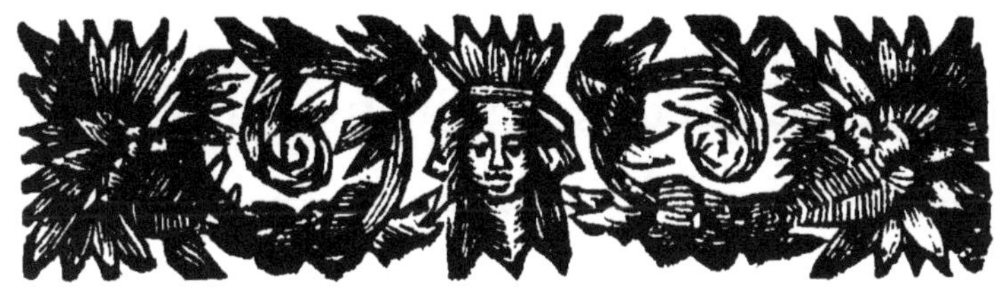

PREFACE.

E n'eſt pas d'aujourd'hui que la Peinture & la Sculpture ſe ſont renduës recommandables parmi les François. On ſçait qu'ils les ont cheries auſſi-tôt qu'elles ont commencé à reprendre leur premiere beauté, & que François premier les attira en France par ſes careſſes & par ſes faveurs auſſi-toſt qu'elles ſe firent voir en Italie du temps de Raphaël & de Michel Ange. Cependant quelque grand que fût alors le luſtre qui faiſoit rechercher ces beaux Arts; il eſt certain que depuis l'établiſſement de l'Academie Royale de Peinture & de Sculpture, ils ont paru avec un air encore plus grand & plus noble, & ſe ſont rendus ſi conſiderables, qu'ils ont merité l'eſtime du plus grand Prince du monde. Dés ſon avenement à la Couronne, il leur donna les premieres marques de ſon amour; car en l'année 1648. il établit l'Academie qu'il a depuis ce temps-là conſervée par ſes bienfaits, & honorée de la protection de ſes principaux Miniſtres.

Ce grand Roi qui commença d'être victorieux auſſi-tôt qu'il commença de regner,

* ſ
pou-

pouvoit bien croire qu'il n'auroît pas moins besoin de la main de ces illustres Artisans que de la plume des plus sçavans hommes pour laisser des marques éternelles de sa puissance, & apprendre à la posterité l'histoire de ses grandes actions.

Aussi avons-nous vû que pendant les guerres qui ont si long-temps affligé toute l'Europe, les Sciences & les beaux Arts n'ont point abandonné la France. On les a toûjours veûs dans Paris, où ils sembloient s'être retirez comme dans un azile assuré; & même à mesure que les Armes de Sa Majesté faisoient de nouvelles conquêtes, ils faisoient aussi de nouveaux progrez pour rendre plus memorable le regne de ce puissant Monarque.

Mais quelques avantages qu'ils eussent pendant ces temps aussi glorieux à la France, que fâcheux à nos ennemis ; l'on peut dire que c'est en donnant la paix à l'Europe que Sa Majesté leur a aussi donné un plus ferme établissement les ayant mis en état de paroître avec ce grand éclat qui les rendoit autrefois si célebres parmi les nations les plus sçavantes & les plus polies.

Sur la fin de l'année 1663. le Roi pourvût Monsieur Colbert de la charge de Surintendant des Bâtimens, & fit connoître par-là le desir qu'il avoit de faire fleurir les Arts plus que jamais. Ce grand homme aussi intelligent & aussi amateur des belles choses, que zelé pour la gloire de son Maître, rétablit dans Paris & en divers autres endroits de ce Royaume, des fabriques de

Tapis-

Tapisseries, & fit encore travailler à plusieurs autres ouvrages, ausquels l'on ne s'étoit point encore appliqué en France. Mais comme il sçait que l'Art de Portraire s'étend presque à tous les travaux de la main, & qu'il n'y a rien qui contribuë davantage à la gloire du Prince comme ces ouvrages immortels que les Peintres & les Sculpteurs laissent à la posterité ; il procura auprés de Sa Majesté de nouvelles graces à ces illustres Ouvriers, afin de leur donner plus d'émulation par le desir de l'honneur & de la recompense.

Il ne se contenta pas de cela, mais comme il avoit été choisi par Sa Majesté pour Vice-Protecteur de l'Academie au lieu de Monsieur le Chancelier, qui prit la place de Protecteur vacante par la mort du Cardinal Mazarin ; il voulut au milieu de ses grands emplois faire les fonctions de cette charge, & prendre connoissance de ce qui se passoit dans les Assemblées. Ne pouvant s'y trouver aussi souvent qu'il eût bien desiré, il commit M. Dumetz Intendant des meubles de la Couronne, & M. Perrault qui exerce la commission des Bâtimens pour y assister & y porter ses ordres. Mais comme l'affection particuliere qu'il a pour l'Academie lui faisoit chercher sans cesse de nouveaux moyens de l'avancer ; un jour qu'il l'honora de sa présence pour la distribution des prix que le Roi donne aux Etudians ; aprés que l'on eut examiné les Tableaux qu'ils avoient faits, & qu'on lui eut rendu compte de tout ce qui s'étoit traité dans les dernieres assemblées, il dit que dans les Sciences & les Arts il y a

* 6

deux

deux manieres d'enseigner, sçavoir, par les préceptes & par les exemples, que l'une instruit l'entendement, & l'antre l'imagination; & que comme dans la Peinture l'imagination est la partie qui travaille davantage, il est constant que les exemples sont tres-necessaires pour se perfectionner dans cét Art, & servent le plus à conduire seurement les jeunes Etudians. Qu'ainsi il lui sembloit que si dans l'Academie on proposoit pour modelle les ouvrages des meilleurs Maîtres, & qu'on montrât en quoi consiste la perfection de l'Art; cette maniere d'enseigner jointe aux autres exercices qui se pratiquent dans l'Academie seroit d'une trés-grande utilité. Car quoi que la perfection d'un ouvrage dépende particulierement de la force & de la beauté du genie de celui qui s'y applique; néanmoins on ne peut nier que les observations qu'on feroit ne fussent trés-profitables, puis que dans ce travail, de même, que dans tous les autres, l'experience découvre beaucoup de choses necessaires à ceux qui étudient, lesquels profitans des remarques des plus sçavans peuvent même s'exempter de plusieurs recherches qui emportent bien du temps lors qu'on est obligé de les faire. C'est ainsi que dans plusieurs autres Arts, particulierement dans la Musique & dans la Poësie qui conviennent le plus avec la Peinture, l'on a trouvé des regles infaillibles pour s'y perfectionner, bien que tous ceux qui les sçavent ne deviennent pas également capables de les pratiquer.

Que pour bien instruire la jeunesse dans
l'Art

PREFACE.

l'Art de peindre, il feroit donc neceffaire de leur expofer les ouvrages des plus fçavans Peintres, & dans des Conferences publiques, faire connoître ce qui contribuë le plus à la beauté & à la perfection des Tableaux. Que chacun ayant la liberté de dire fon fentiment l'on feroit un examen de tout ce qui entre dans la compofition d'un fujet, & même que les avis differens qui fe pourroient rencontrer, ferviroient à découvrir beaucoup de chofes qui feroient autant de préceptes & de maximes. Que ces Conferences n'ayant point encore été en ufage dans cette Affemblée, il fe trouveroit peut-être des perfonnes qui craindroient de ne s'en acquiter pas affez bien ; mais qu'ils ne devoient pas avoir cette apprehenfion, parce qu'encore qu'ils y trouvaffent d'abord quelques difficultez, néanmoins ils ne feroient pas long-temps à les furmonter, & ne prendroient pas moins de plaifir à parler des beautez d'un Tableau, qu'à les faire voir par leurs Pinceaux & par leurs Couleurs. Que cét exercice feroit auffi utile que glorieux à leur corps, puis qu'en traitant de l'Art de la Peinture d'une manie-re qui n'a jamais été pratiquée ailleurs, on verroit un jour que s'ils n'ont pas été des premiers à le découvrir, ils auront au moins eu l'honneur d'être les premiers qui en auront mis les regles à leur derniere perfection.

Ainfi Monfieur Colbert ayant fait connoître à la Compagnie, combien cette conduite & cette étude feroit avantageufe, il fut réfolu que l'on s'affembleroit tous les premiers Sa-

medis

medis du mois dans la grande Salle de l'A-
cademie, ou dans le Cabinet des Tableaux
du Roi, desquels Monsieur Colbert leur
permit de se servir pour en faire des remarques. Que le Chancelier & les Recteurs de
l'Academie feroient l'ouverture des Conferences chacun à leur tour par un discours
où ils examineroient le Tableau qu'ils auroient choisi. Que Mr. le Brun comme
Chancelier commenceroit dés le premier Samedi, & que celui à qui Sa Majesté avoit
donné la charge d'écrire sur ses Bâtimens,
auroit aussi celle de recueillir toutes les
Conferences, & de les mettre en état d'ê-
tre données au public de temps en temps.

De sorte que l'on commença de s'assembler le Samedi septiéme jour de Mai, &
l'on peut voir dans les Conferences qui ont
été faites pendant le reste de l'année, combien l'on a déja remarqué de choses trés-importantes pour la Peinture.

En effet, l'Academie étant remplie de
sçavans hommes, il n'y a point de beautez
dans un ouvrage qu'on ne remarque, ni
aussi de défauts pour petits qu'ils soient
qu'on ne fasse voir. Ainsi chacun peut apprendre à imiter les uns & à éviter les autres, & ceux qui travaillent depuis long-
temps pour s'enrichir l'esprit par les connoissances qu'ils acquierent, communiquer
aux autres les biens qu'ils ont amassez par
leurs longues études, sans que cela les rende plus pauvres.

Les personnes qui ont assisté à ces Conferences jugent bien de quelle utilité elles
peu-

PREFACE.

peuvent être non feulement aux Peintres, mais même à tous les Amateurs des beaux Arts. Et comme l'ufage donne encore plus de facilité, l'on verra dans la fuite une fi grande découverte de remarques fur la Peinture & la Sculpture qu'il reftera peu de chofe à dire pour l'inftruction entiere de ceux qui voudront s'y appliquer.

L'on peut déja remarquer dans celles-ci combien de parties l'on a doctement traitées. Dans la premiere qui a pour fujet le faint Michel de Raphaël, il y a de fçavantes obfervations fur le deffein, & fur l'expreffion qui font autant d'excellentes leçons, & de préceptes importans pour ceux qui apprennent à deffeigner.

Dans la feconde, l'on ne s'eft pas arrêté à ce qui regarde les contours, parce que le Titien dont on examine l'ouvrage ne poffedoit pas cette partie auffi avantageufement que celle des couleurs fur lefquelles l'on a fait de trés-doctes remarques.

La troifiéme Conference parle du Laocoon antique, qui eft une des plus belles ftatuës que les Grecs ayent jamais faites : L'on verra qu'il n'y a rien de plus utile ni de plus neceffaire pour le deffein & pour les fortes expreffions de douleur que les chofes qu'on y a obfervées.

Pour la quatriéme, elle traite d'autres expreffions toutes differentes, ayant pour objet un des plus beaux Tableaux de Raphaël. L'on y peut apprendre de quelle forte on doit varier les expreffions fuivant la qualité des fujets, & comment il faut donner les jours

&

& les ombres selon les lieux où les figures sont posées.

La cinquiéme regarde particulierement l'Ordonnance : & comme il est vrai que la facilité dans les choses, est plûtôt un don de la nature, que le fruit du travail ; l'on aura beaucoup plus de sujet d'admirer la belle composition du Tableau de Paul Veronese, & sa belle facilité de peindre, qu'on n'y trouvera de moyens qui enseignent à l'imiter. Ce n'est pas que les observations qu'on y fait ne puissent donner de belles idées pour les couleurs, & faire connoître ce qui sert à faire paroître une disposition aisée & bien entenduë.

Dans la sixiéme, l'on a fait diverses remarques. Comme le sujet comprend beaucoup de choses, l'on y parle de la composition, du dessein, des proportions, des couleurs, & des lumieres d'une maniere trés-étenduë, & trés-sçavante, & particulierement de toutes les sortes d'expressions convenables à une histoire telle que la chute de la Mâne qui est représentée dans un Tableau de Mr. Poussin.

La septiéme traite encore ces mêmes parties; mais comme dans le Tableau qui est préposé, Mr. Poussin a peint Nôtre Seigneur qui guerit deux Aveugles, & que c'est un sujet qui n'a rien de semblable à l'autre, les remarques sont differentes. L'on s'est principalement arrêté sur la maniere de traiter l'histoire, sur la convenance qu'on y doit observer : & les differentes opinions de quelques particuliers donnent matiere de dire combien un Peintre doit être exact à ne rien omettre de ce qui est necessaire à faire connoître l'action qu'il veut figurer.

PREFACE.

Il ne faut pas douter, comme j'ai dit, que la suite de ces Conferences ne découvre beaucoup de chofes, qui jufques à préfent fembloient avoir été cachées : & que les Peintres qui travailleront fur ces principes, ne fe forment dans l'efprit une idée fi claire & fi nette de ce qu'ils voudront faire, qu'ils n'auront pas de peine à la repréfenter. Car il eft certain que la plus grande difficulté qui fe rencontre dans la production d'un ouvrage, vient de ce qu'il n'eft pas bien formé dans l'imagination ; de même qu'un enfant qui naît avant le terme, que la nature a prefcrit, caufe plus de mal à la mere qui le met au monde, & n'arrive que rarement à un état de perfection.

Et bien que les obfervations que l'on fait dans ces Conferences ne foient pas traitées avec tout l'ordre qui femble neceffaire lors qu'on veut donner des regles pour l'intelligence d'un Art ; tous ces enfeignemens néanmoins étant fouvent repetez avec application aux ouvrages qu'on examine, il ne laiffe pas de s'en faire dans l'efprit un arrangement fi jufte, qu'en voyant un Tableau, toutes les notions que l'on a des parties qui peuvent fervir à le rendre parfait, viennent fans confufion les unes aprés les autres, & en découvrent les beautez à mefure qu'on le regarde. Ce qui arrivera de même à ceux qui voudront travailler aprés en avoir formé une idée, & bien conçû toute l'œconomie.

Il eft vrai que pour bien juger de cette œconomie, & difpofer dans fon efprit un ouvrage qu'on veut executer, il faut avoir une connoiffance parfaite de la chofe qu'on veut repréfenter, de quelles parties elle doit être compo-

fée

PREFACE.

fée, & de quelle forte l'on y doit proceder. Et cette connoiſſance que l'on acquiert, & dont l'on fait des regles, eſt à mon avis ce que l'on peut nommer Art.

Or il eſt certain que celui de la Peinture n'a été parfaitement connu que des anciens Peintres Grecs, & de quelques-uns qui ont paru depuis deux cens ans. Car quoi qu'il merite un rang conſiderable parmi les Arts liberaux, toutefois ceux qui en ont voulu donner quelques regles ne l'ayant traité que dans les parties les moins nobles, ſemblent l'avoir plûtôt laiſ-fé au nombre des Arts méchaniques, que placé dans le lieu qu'il doit tenir. Cependant la Peinture en eſt un bien plus élevé, & qui a cela pardeſſus les plus célebres, qu'en formant des penſées auſſi hautes, & traitans les mêmes ſujets que l'Hiſtoire & la Poëſie, elle ne ſe contente pas de les rapporter fidellement, ou de les inventer avec eſprit, mais elle en forme des images d'autant plus admirables, qu'on croit voir la choſe même : & en l'expoſant aux yeux de tout le monde, inſtruit agréablement les ignorans, & ſatisfait les perſonnes les plus habiles.

Comme l'inſtruction & le plaiſir qu'on reçoit des ouvrages des Peintres & des Sculpteurs ne vient pas ſeulement de la ſcience du deſſein, de la beauté des couleurs, ni du prix de la matiere, mais de la grandeur des penſées, & de la parfaite connoiſſance qu'ont les Peintres & les Sculpteurs des choſes qu'ils repréſentent; il eſt donc vrai qu'il y a un Art tout particulier qui eſt détaché de la matiere & de la main de l'Artiſan, par lequel il doit d'abord former

ſes

PREFACE.

ſes Tableaux dans ſon eſprit, & ſans quoi un Peintre ne peut faire avec le pinceau ſeul un ouvrage parfait, n'étant pas de cét Art comme de ceux où l'induſtrie & l'adreſſe de la main ſuffiſent pour donner de la beauté.

Or c'eſt particulierement ce grand Art & cette connoiſſance toute ſpirituelle que l'on pourra apprendre dans ces Conferences, où toutes les parties qui le compoſent ſont traitées par les plus ſçavans Peintres d'aujourd'hui. Mais pour les comprendre avec plus de faci.ité ; je croi en pouvoir dire quelque choſe en peu de mots, afin que ceux qui voudront s'en inſtruire ayent au moins d'abord une legere notion de tout ce qui ſe verra dans la ſuite, & ſçachent en quelque ſorte les choſes les plus eſſentielles pour la perfection de la Peinture.

Cet Art en général s'étend à toutes ſortes de manieres de repréſenter les corps qui ſont dans la nature ; & bien que les Peintres en forment quelquefois qui ne ſoient pas naturels comme ſont les monſtres & les groteſques qu'ils inventent, toutefois étant compoſez de parties qui ſont connuës & priſes de differens animaux, l'on ne peut pas dire qu'ils ſoient de purs effets de l'imagination.

La repréſentation qui ſe fait d'un corps en traçant ſimplement des lignes, ou en mêlant des couleurs eſt conſiderée comme un travail méchanique ; c'eſt pourquoi comme dans cét Art il y a differens Ouvriers qui s'appliquent à differens ſujets ; il eſt conſtant qu'à meſure qu'ils s'occupent aux choſes les plus difficiles & les plus nobles, ils ſortent de ce qu'il y a de

plus

PREFACE.

plus bas & de plus commun , & s'anobliffent
par un travail plus illuftre. Ainfi celui qui fait
parfaitement des païfages eft au deffus d'un autre qui ne fait que des fruits , des fleurs ou des
coquilles. Celui qui peint des animaux vivans
eft plus eftimable que ceux qui ne repréfentent que des chofes mortes & fans mouvement ;
& comme ia figure de l'homme eft le plus parfait ouvrage de Dieu fur la terre, il eft certain
auffi que celui qui fe rend l'imitateur de Dieu
en peignant des figures humaines, eft beaucoup
plus excellent que tous les autres. Cependant
quoi que ce ne foit pas peu de chofe de faire
paroître comme vivante la figure d'un homme, & de donner l'apparence du mouvement
à ce qui n'en a point ; néanmoins un Peintre
qui ne fait que des portraits, n'a pas encore at-
teint cette haute perfection de l'Art, & ne peut
prétendre à l'honneur que reçoivent les plus fçavans. Il faut pour cela paffer d'une feule figure
à la repréfentation de plufieurs enfemble ; il
faut traiter l'hiftoire & la fable ; il faut repréfenter de grandes actions comme les Hiftoriens,
ou des fujets agréables comme les Poëtes ; &
montant encore plus haut, il faut par des compofitions allegoriques, fçavoir couvrir fous le
voile de la fable les vertus des grands hommes,
& les myfteres les plus relevez. L'on appelle
un grand Peintre celui qui s'aquite bien de femblables entreprifes. C'eft en quoi confifte la
force, la nobleffe & la grandeur de cét Art.
Et c'eft particulierement ce que l'on doit apprendre de bonne heure, & dont il faut donner des enfeignemens aux Eleves.

L'on fera donc voir que non feulement le
Pein-

PREFACE.

Peintre eſt un Artiſan incomparable, en ce qu'il imite les corps naturels & les actions des hommes, mais encore qu'il eſt un Auteur ingenieux & ſçavant, en ce qu'il invente & produit des penſées qu'il n'emprunte de perſonne. De ſorte qu'il a cét avantage de pouvoir repréſenter tout ce qui eſt dans la nature, & ce qui s'eſt paſſé dans le monde, & encore d'expoſer des choſes toutes nouvelles dont il eſt comme le crea eur.

Et parce que nous avons dit que cét Art ſe diviſe en pluſieurs parties, ſoit à cauſe de la diverſité des corps & des actions que l'on imite, ſoit à cauſe de la differente maniere de les imiter, comme en les deſſeignant ſimplement d'une ſeule couleur, ou en les peignant de pluſieurs couleurs mêlées enſemble, ou en les gravant, ou en travaillant de Sculpture; il ſemble qu'il ſeroit neceſſaire de dire quelque choſe de toutes ces manieres particulieres. Mais plûtôt que de m'arrêter à un ſi grand détail, je croi qu'il vaut mieux parler en général de la compoſition d'un Tableau où l'on veut repréſenter quelque fable, quelque hiſtoire, ou quelque allegorie, qui ſont les ſujets les plus ſublimes, & qui comme les plus excellens comprennent tous les autres. C'eſt pour cela que je dirai qu'il a deux parties principales à conſiderer, l'une qui regarde le raiſonnement ou la theorie, l'autre qui regarde la main ou la pratique.

Les parties qui appartiennent à la theorie ſont celles qui font connoître le ſujet, & qui ſervent à le rendre grand, noble & vrai-ſemblable, comme l'Hiſtoire ou la Fable; ce qu'on appelle le *Coſtume*, qui eſt la convenance neceſſaiceſſaire à exprimer cette Hiſtoire ou cette Fable, & la beauté des penſées dans la diſpoſition de toutes choſes.

Les parties qui regardent la main ou la pratique ſont l'ordonnance, le deſſein, les couleurs, & tout ce qui ſert à leur expreſſion en général & en particulier.

Ce qu'on appelle dans un Tableau, l'Hiſtoire ou la Fable, eſt une imitation de quelque action qui s'eſt paſſée, ou qui a pû ſe paſſer entre pluſieurs perſonnes ; mais il faut prendre garde que dans un Tableau il n'y peut avoir qu'un ſeul ſujet ; & bien qu'il ſoit rempli d'un grand nombre de figures, il faut que toutes ayent rapport à la principale, ainſi qu'on fait voir dans la ſixiéme Conference ſur le Tableau de la Mâne.

Cependant comme dans les pieces de théatre la fable n'eſt pas dans ſa perfection, ſi elle n'a un commencement, un milieu, & une fin pour faire comprendre tout le ſujet de la piece ; l'on peut auſſi dans de grands Ouvrages de Peinture pour inſtruire mieux ceux qui le verront, en diſpoſer les figures & toute l'ordonnance, de telle ſorte qu'on puiſſe juger de ce qui aura même précedé l'action que l'on repréſente ; c'eſt ce que Mr. Pouſſin a fait dans ſon Tableau de la Mâne, où l'on voit des marques de la faim que le peuple Juif avoit ſoufferte avant qu'il eût reçû ce ſecours du Ciel.

Et bien que dans un même temps & dans un même lieu, il s'y fût paſſé pluſieurs actions, l'on ne doit pas pour cela les repréſenter toutes, puis qu'un Peintre qui commet ces fautes ne trouve pas moins de Cenſeurs qu'Euripide dont

la

la Tragedie des Dames Troyennes a été reprife
de tout le monde , à caufe qu'elle repréfente
trois actions particulieres.

Outre cela , il faut dans les grands fujets qu'il
y paroiffe quelque chofe de merveilleux pour
faire davantage admirer l'hiftoire que l'on traite,
& le genie du Peintre.   Ce qui s'exprime par la
beauté des figures, par la nobleffe des ajufte-
mens, & par une grandeur & une majefté qui
éclate dans tout l'ouvrage, comme l'on a remarqué dans celui du miracle des Aveugles,
qui a donné lieu à la feptiéme Conference.
Il faut encore que la poffibilité fe rencontre
dans toutes les actions & dans tous les mouvemens des figures, auffi bien que dans l'expreffion du principal fujet , afin que la vrai-femblance fe trouve par tout comme une partie trés-
neceffaire,& qui frape l'efprit de tout le monde.
Un de ces anciens Peintres Grecs ayant repréfenté un oifeau perché fur un fimple épi de
bled, qui même ne ployoit pas fous l'oifeau,
fut repris par des villageois comme de peû de
jugement. Si une fi petite chofe ne laiffe pas
d'offenfer les yeux mêmes des ignorans, combien de fautes plus notables qui paroïffent dans
de grands fujets , bleffent-elles davantage les
perfonnes fçavantes ? Ainfi dans la cinquiéme
Conference l'on n'a pas jugé que le miracle de la
fraction du pain en Emaüs fût traité d'une maniere vrai-femblable , parce que la difpofition
du lieu & toutes les perfonnes qui environnent
Nôtre Seigneur ne conviennent point à cette
action. Mais l'on fait voir dans la premiere
Conference que le S. Michel de Raphaël peut
écrafer le Demon qui eft fous fes pieds , quoi

qu'il

PREFACE.

qu'il ne lui touche pas, parce qu'il n'eſt pas impoſſible à un Ange à qui Dieu a donné la vertu de ſurmonter le Diable, de l'opprimer de la ſorte.

Ce qui eſt le plus important à la perfection de la Fable ou de l'Hiſtoire, ſont les diverſes expreſſions de joye ou de douleur, & toutes les autres paſſions convenables aux perſonnes qu'on figure, & c'eſt ce qui rend ſi admirable ce beau Tableau de Raphaël dont il eſt parlé dans la quatriéme Conference. A quoi l'on peut encore ajoûter la varieté des airs de tête & des attitudes. Car ce ſont toutes ces belles parties qui touchent davantage ceux qui conſiderent un Tableau, & qui en les portant avec plaiſir dans une parfaite connoiſſance du ſujet que l'on traite, les font entrer dans les mêmes ſentimens de joye ou d'admiration que ſouffrent les perſonnes qui ſont repréſentées. C'eſt ce que l'on a montré dans la ſixiéme Conference, où l'on fait voir qu'il y a dans le Tableau de Mr. Pouſſin des groupes qui ſervent à l'inſtruction de l'hiſtoire, & à faire connoître dans les Iſraëlites le changement de leur fortune lors que de la miſere ils paſſent à un meilleur état.

Ce n'eſt pas encore aſſez pour la perfection d'un ouvrage, il faut qu'il y ait des marques particulieres qui faſſent connoître les principales figures & les plus ſingulieres actions comme dans ce Tableau de la Mâne, on diſcerne Moyſe entre tous les autres, tant par le lieu où il eſt placé, par ſa mine, par ſes vêtemens, & par un air qui donne une idée de ce qu'on en a ouï dire, que par les actions de ceux qui ſont autour de lui. Que ſi l'on veut varier ſon ſujet

par

par quelques actions particulieres, il faut prendre garde que ces actions ne foient pas en trop
grand nombre ou trop baffes, quoi qu'elles
ayent quelque rapport à l'hiftoire qu'on peint.
L'on trouve à redire dans un Tableau du Do-
miniquin, de ce qu'en repréfentant le Marty-
re de faint André, il y a un des boureaux
qui s'étant laiffé tomber en tirant une corde,
donne fujet de rire aux autres qui fe moquent
de lui par des geftes trop groffiers : parce
que cette expreffion étant indigne d'un fujet fi ferieux, au lieu d'attirer les yeux & la compaffion des regardans fur le Saint qu'on mar-
tyrife, on eft diftrait par ces actions ridicu-
les. Il faut donc que les expreffions des figures particulieres qui ne font que pour accompagner la principale foient fimples, naturelles, judicieufes, & qui ayent un rapport honnête à la figure qui fert comme de corps à
l'ouvrage dont les autres font comme les membres.

Aprés avoir confideré ce qui appartient à l'hiftoire qui doit être d'une feule action, d'une
étenduë convenable, d'une beauté digne du fujet, où l'on voye de la vrai-femblance, & dont
les diverfes expreffions fervent à faire connoître davantage ce que l'on veut figurer. Je paf-
ferai au *Coftume* qui n'eft autre chofe qu'une
obfervation exacte de tout ce qui convient aux
perfonnes que l'on repréfente, qui doivent paroître avec des caractéres de grandeur ou de
baffeffe, de bonté ou de malice, conformes à
ce qu'elles doivent figurer, comme l'on fait affez voir dans la cinquiéme & la feptiéme Conference, & qui confifte encore dans la bien-

**

féan-

séance qu'il faut conserver à l'égard des âges,
& des sexes, des païs, & des differentes profes-
sions, des mœurs, des passions, & des manieres de se vêtir propres à chaque nation. C'est
en cela que Raphaël a été admirable, mais le
Titien ni Paul Veronese n'ont point possedé cette partie. Cependant elle n'est pas une des moindres; au contraire l'on peut dire qu'elle est une
des plus nécessaires pour instruire les ignorans
& l'une des plus agréable aux yeux des personnes
sçavantes.

Quant à la beauté des pensées dans la disposition de toutes choses, elle consiste à représenter un sujet d'une maniere agréable & élegan-
te, & à donner à toutes les figures une expression naturelle qui ne soit ni trop foible ni trop
forte, à trouver des caractéres convenables à
chaque personne, & qui ne gâtent point celle qui
est la principale du Tableau. L'on voit dans celui de Rebecca fait par Mr. Poussin, & dont il
sera parlé dans une autre Conference, combien
la composition en est riche & agréable, tant par
la magnifique disposition des figures, que par
la belle varieté des visages, des actions & des
vêtemens. Mais comme il y a des sujets moins
nobles, il faut les traiter plus simplement,
& ne pas tomber aussi dans un défaut semblable à celui des Bassans & de quelques Peintres
de Flandre, qui en cela n'ont observé aucune
mesure.

Voila ce qui regarde les principales parties
du raisonnement & de la Theorie ; Et certes
c'est une chose surprenante de voir qu'il y a des
Peintres & des Sculpteurs, qui avec toutes ces
connoissances ont encore une force d'imagination

tion admirable pour inventer & pour difpofer
toutes fortes de grands fujets, lefquels cependant fe trouvent comme abandonnez du fecours
de l'Art, & de tous les avantages qu'ils ont reçus de la nature, auffi-tôt qu'ils veulent excuter ce qu'ils ont formé dans leur efprit. Et
d'ailleurs il y en a d'autres qui travaillent affez
bien de la main, mais qui ne peuvent rien imaginer de raifonnable. De forte qu'il ne faut pas
s'étonner s'il y a fi peu d'excellens Ouvrages,
puifque non feulement il faut avoir naturellement un efprit fertile pour les belles inventions,
mais auffi un jugement folide pour s'en bien fervir, & une grande pratique pour les mettre en
un beau jour.

C'eft pourquoi la plûpart des premiers Peintres Grecs connoiffant la trop grande étenduë
de cét Art, fe contentoient d'en choifir une partie dans laquelle ils tâchoient de fe perfectionner comme un Denis qui ne peignoit que les
hommes. Un Nicias d'Athenes qui s'étoit rendu recommandable pour bien repréfenter les
femmes : Un Ariftodemus célébre pour bien
peindre des Lutteurs : Un Calacés fameux pour
les décorations de théatre; & ceux mêmes d'entr'eux qui ont excellé dans les grandes compofitions, n'en ont jamais poffedé toutes les parties
également, mais fe font rendus confidérables
par quelqu'une dans laquelle ils ont furpaffé les
autres, comme faifoit Appellés dans la beauté
& dans la grace de fes figures.

Quant à la Pratique, elle regarde la maniere
de difpofer fon fujet, & de bien mettre chaque
corps en fa place. Car quoi que j'aye dit que la
facilité de l'ordonnance dépende de la forte ima-

** 2

gina-

PREFACE.

gination du Peintre , & qu'il faille même pour
cela avoir reçû de la nature un don tout particulier, comme l'on a remarqué dans la quatriê-
me Conference en parlant de Paul Veronese,
néanmoins l'on peut par les soins qu'on en
prend , suppléer au défaut de la nature , dispo-
sant toutes les figures sans embaras, & ne les
mettant pas en des endroits où elles puissent faire de la confusion, ni en des attitudes desagréa-
bles ; mais au contraire les assembler par parties
& par groupes de la maniere que Mr. Poussin
a si bien fait dans son Tableau de la Mane. C'est
dans cette Peinture qu'on peut voir aussi ce qui
regarde le dessein & les proportions sur lesquelles l'on a fait des remarques dans la sixiéme Conference , pour montrer comment il les faut traiter convenablement à l'âge & à la qualité des personnes.

C'est encore dans cette même Conference &
dans la septiéme qu'on a touché ce qui appartient à la belle entente des couleurs, qu'on fait
voir de quelle sorte il faut faire paroître avantageusement les jours & les ombres, & en obser-
vant dans tout l'ouvrage un contraste agréable
& judicieux , conserver cependant une union
générale dans tous les corps par laquelle on donne d'abord une forte idée de tout le sujet.

Quoi que cette seconde partie qui traite de la
pratique soit moins noble que la premiere, il ne
faut pas néanmoins s'imaginer qu'elle doive ê-
tre consideré comme une partie purement mé-
canique, parce que dans la Peinture la main ne
travaille jamais qu'elle ne soit conduite par
l'imagination, sans laquelle elle ne peut presque
faire un seul trait ni donner un coup de Pinceau
qui

PREFACE.

qui réüffife. De forte que ceux même qui entreprennent de faire un Portrait, bien qu'ils n'employent pas dans cette occafion le dernier effort de leur efprit, & ne fe fervent pas de toutes leurs connoiffances n'ayant pas befoin de leur fecours comme dans la compofition d'un grand Ouvrage : Toutefois le travail n'eft pas petit lors qu'il faut fonger à remarquer correctement tous les contours qui forment les parties d'un vifage ; qu'il faut féparer toutes les parties les unes des autres par une infinité de traits qui les diftinguent ; qu'il les faut mettre dans leur vrai lieu, & les placer d'une maniere qui pour bien imiter l'objet que l'on fe propofe, les éloigne ou les approche diferemment les unes des autres : En diminuër ou augmenter l'étenduë, & après cela leur donner une couleur qui en confervant à chacune ce qu'elle a de particulier, compofe cependant une maffe entiere où toutes ces parties foient jointes enfemble avec tant d'union & de douceur, que les diférentes teintes qui font employées prefque féparement dans une infinité d'endroits femblent ne faire qu'une feule couleur qui fe varie infenfiblement, felon les divers lieux où elle eft employée, mais de telle forte encore que cette maffe étant éclairée ou obfcurcie en des endroits plus qu'en d'autres, les jours & les ombres, les fortes teintes & celles qui font plus foibles fe noyent enfemble avec un tel artifice qu'elles donnent du relief & de la rondeur & repréfentent véritablement de la chair. C'eft encore par l'ingenieux mélange de fes couleurs & par la fcience qu'il y a de bien contourner les parties & d'en conferver les traits que s'engendrent ces belles expreffions & ces mou-

** 3

ve-

PREFACE.

vemens naturels qui font paroître de la vie &
qui impriment fur un vifage les paffions que l'on
veut repréfenter. De forte qu'il ne faut pas con-
ter pour peu de chofe la pratique qu'on aquiert
à bien deffeigner & à bien mêler les couleurs,
puifqu'en l'un & en l'autre il fe rencontre une
infinité d'obftacles à furmonter. Au contraire
l'on peut confiderer que fi dans une feule tête
il y a tant de chofes mal-aifées à bien repréfenter, parce que dans la nature même, encore
que tous les vifages ayent les mêmes parties, il
ne s'en trouve point qui fe reffemblent, combien eft-il plus penible de travailler à un grand
ouvrage dont toutes les parties doivent être trait-
tées avec mille confiderations particulieres, à caufe des diferens rapports qu'elles doivent avoir
entr'elles, foit dans le Deffein, foit dans le Coloris, foit enfin dans tout ce qui fert à l'expreffion du fujet.

Mr. Pouffin croyant avec raifon que la beauté d'un Tableau confifte à faire que toutes les
chofes qui entrent dans fa compofition aient un
caractére particulier de ce que l'ouvrage doit
repréfenter en général, faifoit de cela fa principale étude, & l'on voit dans ceux qu'il a peints
que l'expreffion de fon fujet y eft fi généralement répanduë qu'il y a par tout de la joye ou
de la trifteffe, de la colere ou de la douceur felon la nature de fon hiftoire. Il s'étoit imagi-
né que comme dans la Mufique l'oreille ne fe
trouve charmée que par un jufte accord de diférentes voix ; de même dans la Peinture la vûë
n'eft agréablement fatisfaite que par la belle harmonie des couleurs, & la jufte convenance de
toutes les parties les unes auprés des autres. De
for-

PREFACE.

forte que confiderant que la diference des fons
caufe à l'ame des mouvemens diferens, felon
qu'elle eft touchée par des tons graves ou aigus,
il ne doutoit pas que la maniere d'expofer les
objets dans une difpofition de mouvemens, &
une apparence d'expreffions plus ou moins violentes, & fous des couleurs mifes les unes auprés des autres & mélangées diverfement, ne
donnât à la vûë diverfes fenfations qui pouvoient rendre l'ame fufceptible d'autant de paffions diferentes.

Il eft vrai auffi que fi la Mufique eft capable
de faire des merveilles, comme l'on dit que par
fon moyen Pythagore donnoit la fanté aux ma-
lades; que le Médecin Afclepiade guériffoit les
phrenetiques, qu'un Joüeur de flûtes mit Alexan-
dre en colere, qu'un autre appaifoit les plus fu-
rieux, & tout cela par la vertu de certaines me-
lodies, & par la force des diferens accords qui
frapoient l'oreille de telle forte que l'ame qui
aime la proportion & l'égalité, fe plaît davantage dans les fons des Inftrumens, & dans les ac-
cens de la voix où les nombres font entiers, &
où il y a moins de diffonance. Ainfi la Peinture dont toute la beauté confifte dans la fyme-
trie, & la belle proportion étant traitée avec une
conduite convenable à ce qu'on veut repréfenter, peut former dans l'efprit des fentimens de
joye & de douceur auffi forts que la Mufique,
puifque de toutes les paffions celles qui entrent
dans l'ame par les yeux font les plus violentes.
Il y a des exemples auffi merveilleux de ce que
la Peinture peut produire, & de ce que l'imagination a fouvent caufé en voyant des objets
beaux ou difformes, que tout ce qu'on rapporte

de

de la Muſique : il n'y a donc qu'à trouver diſe-
rens Modes dans la Peinture pour la compoſition
des Tableaux & l'expreſſion des ſujets, comme
les Anciens en ont eu dans la Muſique, pour leurs
divers recits & leurs diferentes chanſons. L'on
en remarque trois principaux, ſçavoir le Mode
Dorien, le Phrygien & le Lydien, auſquels on en
ajoûta en ſuite pluſieurs autres ; dont les uns ſer-
voient à chanter gravement les loüanges des
grands Hommes ; les autres donnoient de la va-
leur & animoient au combat ; d'autres portoient à
l'amour ; les uns excitoient à la triſteſſe & les
autres à la joye. Comme ces diferens Modes ve-
noient des diferentes mœurs & coûtumes des peu-
ples qui les avoient inventez, dont les uns étoient
plus moderez comme les Grecs ; les autres plus
mols & effeminez comme les Lydiens ; l'on en
peut faire comparaiſon avec les diverſes manieres
de peindre, qu'on remarque dans l'Ecole de Rome, dans celle de Florence, & dans celle de
Lombardie, dont la premiere conſerve plus de
majeſté & de grandeur, la ſeconde plus de furie &
de mouvement, & la troiſiéme beaucoup d'agré-
ment & de douceur. Mais il faut avoüer qu'il y
avoit quelque choſe de ſingulier & d'incomparable
dans Mr. Pouſſin, puiſque ayant trouvé l'Art de
mettre en pratique toutes ces diferentes manieres,
il les a ſi bien poſſedées & s'en eſt fait des regles ſi certaines, qu'il a donné à ſes Figures la
force d'exprimer tels ſentimens qu'il a voulu, &
de faire que ſon ſujet les inſpire dans l'ame de
ceux qui le voyoient, de la même ſorte que
dans la Muſique ces Modes dont je viens de parler émouvoient les paſſions. Il a même ſurpaſſé
les plus fameux Peintres de l'antiquité, en ce que

dans

dans ses Ouvrages on y voit toutes ces belles expreſſions qui ne ſe rencontroient que dans diferens
Maîtres. Car Timomachus ne fut recommandable que pour avoir bien peint les paſſions les plus
véhémentes , ce qu'il fit paroître dans un Ajax
qu'il repréſenta en colere. Zeuxis ſçut exprimer des affections plus douces , comme quand
il fit cette belle image de Penelope , ſur le viſage de laquelle on reconnoiſſoit ſa pudeur & ſa
ſageſſe. Et Cleſiles fut principalement conſide-
ré pour les expreſſions de douleur , ayant peint un
homme bleſſé & mourant avec des caractéres ſi naturels, qu'on croyoit voir diminuer ſes forces &
combien il lui reſtoit de temps à vivre. Mais comme je viens de dire , Mr. Pouſſin poſſedoit également bien toutes ces parties , & connoiſſoit parfaitement la force & l'étenduë de tous ces diferens
Modes. C'eſt ainſi que dans ſon tableau de Pyr-
rus , il ſemble avoir gardé un Mode qui ne fait
voir que de la fureur & de la colere ; dans celui de
Rebecca tout y eſt agréable & gracieux ; dans celui
de la Mane l'on y découvre de la langueur & de la
miſere ; dans la guériſon des Aveugles de la joye
& de l'admiration , & de même dans tous ſes autres Tableaux dont la conduite eſt ſi admirable ,
qu'il n'y a point de partie qui n'exprime la qualité
de ſon ſujet : de la même ſorte que dans ces Modes de Muſiques tous les tons contribuoient à exprimer de la douleur ou de la joye. Et c'eſt ce
qu'il appelloit tantôt mode Dorien quand il traitoit des ſujets ſerieux , tantôt Lydien quand il
peignoit des bacanales , tantôt Lesbien pour les
choſes magnifiques, tantôt Ionique pour les ſujets gracieux & plaiſans, & ainſi il leur donnoit
des noms diferens ſelon la diference de ſes Ouvrages. ** 5 Or

Or comme ce qui rendoit ces divers Modes de
Mufique capables d'élever ou d'abaiffer le courage, d'affliger ou de réjouïr, étoit la maniere dont
les voix ou les fons étoient ordonnez, les uns étans plus prompts, les autres plus languiffans,
les uns plus graves, les autres plus aigus, &
qui frappant l'oreille diverfement caufent à l'ame une émotion plus ou moins violente. Ainfi
Mr. Pouffin repréfentoit fes Figures avec des actions plus ou moins fortes & des couleurs plus ou
moins vives, felon les fujets qu'il traitoit. Car ayant
trouvé les véritables dégrez de force & d'affoibliffement qui fe rencontrent dans les couleurs,
il fçavoit fi bien s'en fervir qu'on remarque dans
fes Ouvrages une conduite harmonique de même
que des piéces de Mufique. Lors qu'il a repréfenté un fujet trifte & lugubre, comme fon Tableau qu'on appelle la Pefte qui eft dans le Cabinet du Roi, toutes les couleurs font éteintes &
à demi effacées, la lumiere foible, & les mouvemens de fes Figures lents & abatus. Mais dans
celui de Rebecca qui doit être gracieux, il n'a
employé que des couleurs vives, qu'il a doucement
rompuës les unes par les autres, & dont il a fait
un mélange qui charme les yeux: les actions font
modeftes & tranquilles, il y a par tout du repos,
de la joye & de la grace, en quoi l'on peut dire
qu'il a imité le Mode Ionique qui étoit élegant
& agréable. Je m'étendrois trop fi je voulois à
préfent faire comparaifon de toutes ces manieres de peindre aux divers genres de Mufique,
il fuffit d'avoir dit ce que j'ai remarqué dans ce
grand Peintre, qui de fon temps a été l'honneur
des Peintres François, & un des plus grands &
des plus forts Genies qui ait paru dans cet Art:
Car

PREFACE.

Car l'on ne voit rien de lui qui ne foit fait avec un
profond raifonnement, & comme il a toûjours
cherché avec foin ce que les plus grands Maîtres ont obfervé pour parvenir à cette haute
Science qui les a rendus fi célébres; il s'eft auffi
rendu illuftre par les belles connoiffances qu'il
a aquifes, & par les fameux Travaux qu'il nous
a laiffez.

Cependant il faut avoüer, que comme ces excellens Ouvriers n'ont guére communiqué aux
autres Peintres, de quelle forte ils fe font conduits
dans leurs études; ceux qui n'ont pas l'imagination fi belle travailleroient toûjours en taton-
nant, s'il ne fe trouvoit des Hommes extraor-
dinaires qui étans nés pour juger des plus grandes chofes, & dont l'Efprit éclairé d'une lumiére plus vive & plus forte découvrent ce qui demeureroit enfeveli dans les ténébres, & femblent
comme obliger l'Art & la Nature à produire de
nouveaux ouvrages. Tel eft celui que le Roi a
choifi pour Intendant & Ordonnateur de tous les
grands Travaux que S. M. fait faire, puifque l'on
peut dire, que dans cette célébre Academie il eft
aux Peintres & aux Sculpteurs ce qu'ils font eux-
mêmes à leurs cifeaux & à leurs pinceaux, je
veux dire qu'il fait fortir de leur efprit les plus
excellens Ouvrages par les penfées qu'il leur inf-
pire, de même qu'ils font paroître des Figures
par le moyen des couleurs qu'ils employent, &
des inftrumens dont ils fe fervent. Il les anime
au travail par l'exemple de fon affiduité dans tous
fes emplois, & leur découvre dans eux-mêmes,
s'il faut ainfi dire, des tréfors qu'ils ne croyent
pas poffeder. C'eft ce qui a été fi fçavamment &
fi agréablement écrit, que je ne puis mieux finir
que

que par cette belle Prophetie, qui marque bien
ce que nous voyons aujourd'hui sous le Regne
du plus grand Roi du Monde. (a)

LEs Arts arriveront à leur degré suprême
Conduits par le Genie & la Prudence extrême,
De Celui dont alors le plus puissant des Rois,
Pour les faire fleurir aura sçû faire choix.
D'un sens qui n'erre point sa belle Ame guidée,
Et possedant du beau l'invariable Idée,
Si haut élevera l'esprit des Artisans
En leur donnant à tous ses ordres instruisans,
Et leur fera tirer par sa vive lumiere
Tant d'exquises beautez du sein de la matiere,
Qu'eux mêmes regardans leurs travaux plus
*   qu'humains,*
A peine croiront voir l'Ouvrage de leurs mains.

PRE.

(a) Mr. Perrault.

PREMIERE

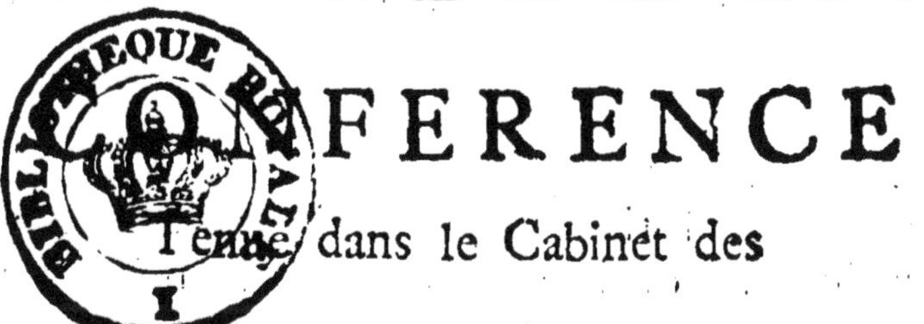

CONFERENCE

Tenuë dans le Cabinet des

TABLEAUX DU ROI.

Le Samedi 7. Mai 1667.

TOUS les Académiciens & la plûpart de leurs Eleves s'étant rendus dans le Cabinet des Tableaux du Roi, l'on y trouva le Saint Michel de Raphaël expofé dans un jour favorable.

Ce Tableau a huit pieds de haut fur cinq de large: Au milieu d'un grand païfage qui reprefente un lieu defert, & qui n'a point encore été habité, on voit Saint Michel defcendant du ciel en terre, & tenant fous lui le Demon abatu. Cét Ange eft foûtenu en l'air par deux grandes ailes ; Il eft vêtu d'une cuiraffe faite d'écailles d'or, où eft attaché une efpece de faye de drap d'or à la Romaine qui ne defcend que jufques au genou; Il y en a un autre par deffous d'une étoffe bleuë qui déborde un peu, où en forme de broderie, l'on voit écrit en lettres capitales, *RAPHAEL URBINAS PINGEBAT M. D. XVII.*

A

Par

Par deſſus ces armes, il y a comme deux écharpes de couleur gris-de-lin, qui étant agitées & ſoûtenuës par la force de l'air, s'élevent en haut ; On voit que l'un des bouts eſt emporté comme avec plus de violence entre les deux ailes de l'Ange, & que l'autre ſe ſoûtient par ſa legereté naturelle.

Cét Ange a une épée ceinte à ſon côté ; des deux mains il tient une demi picque, mais ayant le bras droit plus élevé, la main gauche paroît un peu retirée ſous le bras droit, à cauſe que la partie d'enhaut de tout le corps avance davantage que celle d'en bas. Sa jambe gauche eſt ployée, & quoi que la droite ſemble appuyée ſur le Demon, néanmoins elle n'y touche pas.

Ses cheveux ſoûtenus de l'air font un pareil mouvement que la drapperie. Ses brodequins ſont de couleur gris-de-lin de même que les écharpes qui l'environnent.

Le Demon qui eſt ſous lui & comme écraſé ſe mord la langue & grince les dents : & l'on voit dans ſes yeux rouges & enflâmez les marques de ſa rage & de ſa fureur. Il eſt ſur le bord d'un précipice & entre des rochers d'où ſortent des flâmes. Il a des cornes de bouc, des ailes de dragon, & une queuë de ſerpent. Il s'appuie de la main gauche contre terre, & tient de la droite un croc de fer qui lui ſert de ſeptre, & qui eſt la marque funeſte de ſon cruel empire ſur les autres Demons.

Mr. le Brun qui étoit chargé de faire des remarques ſur ce Tableau, obſerva d'abord la diſpoſition de la figure de l'Ange, qui eſt d'autant plus digne d'être conſiderée qu'elle reprepreſente un corps qui ſe ſoûtient en l'air & d'une maniere difficile à être bien repréſentée.

Il montra dans toutes les parties de ce corps un contraſte trés-agréable, car bien que le viſage ſoit de front, le devant du corps néanmoins ne paroît pas de même. L'on voit que l'épaule droite recule, & que la gauche qui avance ne laiſſe voir que de côté la partie ſuperieure de l'eſtomac.

Par deſſous le bras gauche l'on découvre tout le ventre; La cuiſſe & la jambe droite, qui paroiſſent preſque de front, font en s'alongeant en bas, un mouvement contraire à celui du bras droit élevé en haut, & à celui de l'autre jambe qui ſe ploye & ſe retire en arriere.

Le Demon eſt diſpoſé avec la même induſtrie. C'eſt un corps renverſé par terre qui paroît comme écraſé ſous la puiſſance de l'Ange. Les parties de ce corps ſemblent être rompuës & briſées, ainſi que Mr. le Brun fit remarquer particulierement dans le cou de ce Demon, dont le viſage eſt tourné ſur les épaules.

Enſuite de la diſpoſition il obſerva le deſſein de ces figures dans toutes leurs parties : De quelle ſorte Raphaël a fini juſqu'aux moindres choſes, mais ſur tout combien il a été correɛt dans le deſſein ; ce qui ſe voit merveilleuſement bien dans les contours de tous les membres, comme aux bras & aux mains, aux jambes & aux pieds, où l'on apperçoit au travers d'une chair fraîche & ſolide les muſcles dans leur veritable lieu, qui font l'effet que la nature demande.

Comme une des plus grandes difficultez de

la Peinture eſt de bien former tous les contours, Raphaël a été ſoigneux de les rendre précis & corrects dans ſes Ouvrages à l'exemple des excellens Peintres de l'Antiquité, qui étoient ſi exacts à profiler juſques aux moindres membres des corps, afin que l'on en vît mieux la figure, étant certain que c'eſt la circonſcription des lignes (il faut que je me ſerve de ce mot) qui donne connoiſſance de la veritable forme du corps. C'eſt en cela que ce grand Peintre s'eſt conduit avec tant de diſcretion, & d'une maniere ſi ſinguliere, que ne perdant jamais rien de ſon trait principal, on reconnoît toûjours dans ces figures la beauté & la force du deſſein, même dans les parties qui ſont les plus éloignées, ſans qu'il reſte pour cela aucune ſéchereſſe ni aucune dureté, quoi qu'il ſemble avoir penché de ce côté-là dans quelques-uns de ſes Ouvrages, à cauſe de cette grande préciſion de contours dont il étoit ſi amateur.

Bien qu'il ſemble qu'en repreſentant les Anges qui ſont des Etres tous ſpirituels, on doive leur donner une forme délicate, & les faire paroître ſous des corps qui aient cette ſorte de beauté que les anciens Sculpteurs ont ſi bien repreſentée dans la figure de l'Apollon antique; toutefois Mr. le Brun fit remarquer que Raphaël ayant à peindre Saint Michel dans cette action qui exprime la force & la puiſſance de Dieu, il a donné à ſa figure une beauté mâle & vigoureuſe. Car encore que les traits de ſon viſage & la carnation de ſon corps repreſentent parfaitement la délicateſſe & la fraicheur d'un jeune homme, l'on y reconnoît auſſi une force &
une

une majefté qui montre quelque chofe de puif-
fant & de divin; faifant voir dans les jointures
des membres une vigueur extraordinaire, ce qui
fe connoît particulierement aux coudes, aux
genoux & aux doigts, qui font reffentis & articulez avec fermeté, qui ne paroît que dans les
corps les plus robuftes.

Auffi jamais Peintre n'a fçu exprimer un
fujet avec plus de grandeur, plus de beauté &
plus de bien-féance que Raphaël. Quelque fier
& quelque terrible que paroiffe le vifage de Saint
Michel, on y voit pourtant beaucoup de douceur & de grace. Ce que Mr. le Brun y obferva fit encore mieux connoître fon excellence.
Car il remarqua que le nez large par le haut &
un peu plus étroit en bas, eft la partie qui fait
paroître cette majefté qui éclate fur tout fon
vifage : fon front large & ouvert par le milieu,
eft comme le fiege de la grandeur de fon efprit
& de fa fageffe.

L'on voit une demi teinte entre les deux
fourcils, qui marque dans cette partie une difpofition à fe mouvoir en s'élevant en haut, ou
en s'abaiffant fur les yeux, comme il arrive
d'ordinaire aux perfonnes capables de grands
foins, & chargez d'affaires importantes, &
qui paroît encore lors qu'on fe met en colere.
Mais cette marque n'eft mife là que pour ne
laiffer pas le front trop uni. Car cette partie demeure fans effet & fans mouvement,
cét Ange méprifant trop l'ennemi qu'il a ren-
verfé pour s'appliquer beaucoup à le vouloir
vaincre. Ce que Raphaël a merveilleufement
bien reprefenté par un certain dédain qui paroît dans fes yeux & dans fa bouche. Ses yeux

qui font médiocrement ouverts, & dont les fourcils forment deux arcs trés-parfaits font une marque de fa tranquilité, de même que fa bouche dont la lévre d'en bas furpaffe un peu celle d'en haut, en eft auffi une du mépris qu'il fait de fon ennemi.

Il ne paroît pas feulement de l'action dans toutes les parties de ce corps; le Peintre a fait en forte que les chofes mêmes qui l'environnent femblent agitées, afin qu'il y ait davantage de mouvement dans la figure.

Mr. le Brun ayant fait voir comme l'air preffé par la pefanteur du corps qui defcend en bas, fait élever en même temps ce qu'il rencontre de plus leger, & le pouffe avec violence par les endroits où il trouve quelque paffage, fit encore remarquer que non feulement les cheveux de l'Ange tous droits fur fa tête fe portent entre fes deux ailes, où le vent paffe avec plus de violence; mais encore que fes écharpes qu'il a autour de lui, voltigent de côté & d'autre avec cette obfervation particuliere que les extrêmitez de celle qui paroît la plus pefante tendent en bas, & les autres demeurent foûtenuës en l'air.

Ces fortes d'accommodemens font des fecrets & des inventions admirables pour faire paroître du mouvement & de l'action dans les corps, & Raphaël a furpaffé tous les autres Peintres en cela, n'ayant jamais rien omis de ce qui peut contribuer davantage à la belle expreffion d'un fujet.

Aprés que Mr. le Brun eut fait toutes ces remarques, il pria la Compagnie de vouloir dire auffi fon avis fur ce Tableau, & foûmit fes

fen-

fentimens à ceux de l'Academie. Mais chacun fut de fon opinion, & ne trouva rien dans les chofes qu'il avoit avancées qui pût être contredit , & qui ne fût trés-judicieufement obfervé.

Il y eut néanmoins une perfonne qui aprés avoir reconnu le merite de Raphaël , entreprit de foûtenir que ce Tableau n'étoit pas fans deffaut ; & pour le prouver, il pofa pour fondement & pour maxime generale , que dans quelque membre du corps que ce puiffe être , un côté de ce membre ne peut être enflé , que l'autre côté qui eft à l'oppofite non feulement ne diminuë de fa groffeur, mais encore ne fe retire & ne faffe une figure toute contraire ; En forte que dans une jambe ou dans un bras, les contours doivent être deffeignez , de telle maniere que leur rondeur & leurs renflemens ne foient jamais vis à vis les uns des autres.

Or il pretendoit que le deffus & le deffous du bras droit de Saint Michel étoit deffeigné de telle façon que les contours qui doivent être differens par un renflement qui paroiffe dans la partie fuperieure étoient entierement égaux, & que le deffous qui devoit être diminué à l'égal de ce que le deffus étoit augmenté, avoit autant de force & de rondeur que la partie qui lui étoit oppofée ; En forte, difoit-il, que le contour de ce bras dont le mufcle devoit paroître en un endroit plus qu'en l'autre , étoit tracé par des lignes égales, & femblables à celles qui formeroient un œuf.

Cette remarque qui furprit toute la Compagnie, & qui parut trés-importante, réveilla les efprits , & tout le monde ouvrant les yeux

cher-

chercha fi en s'appliquant davantage à regarder ce Tableau, il pourroit y découvrir ce qu'ils n'avoient point encore apperçu.

Tous s'approcherent pour le confiderer plus exactement, & tous jugerent que la chofe n'é-toit point deffeignée comme ce particulier s'i-maginoit de la voir. Un de l'Affemblée re-marqua trés judicieufement, que comme il y a des Peintres qui chargent trop les parties de leurs ouvrages, foit dans les contours, foit dans les expreffions, foit dans l'union des cou-leurs; il ne faut pas s'étonner fi quelquefois l'on ne voit pas d'abord dans les ouvrages les plus accomplis cette infenfible diminution & cette conduite fi induftrieufe par laquelle ils paffent d'une partie à une autre, qui eft le grand & admirable fecret de l'Art.

Or il eft vrai que c'eft en quoi Raphaël a été un excellent Maître, & un Maître que peu de gens peuvent imiter. Auffi bien loin de reconnoître aucun defaut dans ce Ta-bleau, cette accufation donna lieu de l'admi-rer davantage, & fit que Mr. le Brun rentrant dans un examen plus exact de plufieurs parties dont il n'avoit point parlé, y découvrit des beautez qui ne fe trouvent guere ailleurs.

Mr. Perault même pour obliger davantage tout le monde à dire fes fentimens, demanda s'il eft vrai que la nature foit fi réguliere dans la conftruction de toutes les parties du corps de l'homme, que jamais il ne fe trouve aucun membre dont les contours ne puiffent pas for-mer deux lignes qui faffent paroître quelque rondeur, & fi c'eft une obfervation que l'on ait faite fur les antiques, & dans les Tableaux

des

des plus excellens Peintres. Chacun ayant dit ſon avis, tous convinrent que dans la forme des parties du corps de l'homme, on ne remarque point que la nature ait été ſi exacte à faire une irregularité de contours; mais au contraire, qu'on voit dans les beaux corps & particulierement dans les membres les plus charnus, comme ſont les bras & les cuiſſes dès enfans & des femmes bien-faites, une rondeur & une égalité qui détruit entierement la propoſition generale que ce particulier avoit avancée.

Que ces renflemens inégaux doivent être conſiderez à l'égard des membres où les nerfs & les muſcles paroiſſent lors qu'ils agiſſent, parce qu'alors pouſſant la chair d'un côté, & ſe groſſiſſant par l'effort qu'ils font, ils diminuent en même temps la partie oppoſée; Mais qu'auſſi il arrive ſouvent certaines actions où ces renflemens paroiſſent tout au tour du bras qui eſt environné de muſcles & de nerfs. Et bien que leurs ligatures ne ſe rencontrent pas toûjours en même lieu, le bras néanmoins peut être diſpoſé de telle ſorte, qu'il y aura ſouvent des endroits où ces renflemens paroîtront vis à vis les uns des autres. Ce qui fut à l'heure même autoriſé par des exemplez tirez des Tableaux des plus grands Maîtres qui ſont dans le cabinet de Sa Majeſté, & dont l'on examina toutes les parties qui pouvoient ſervir à réſoudre la queſtion qu'on avoit agitée.

Comme Raphaël a bien ſçu de quelle ſorte il faut repreſenter ces renflemens de muſcles & de nerfs dans les membres où cela arrive naturellement, il n'a jamais manqué auſſi de répandre de la douceur & de la grace où il y en doit avoir, & de temperer ce qui ſembleroit trop dur & trop ſec par

A 5

quel-

quelque chofe de plus tendre & de plus moileux.

L'on fçait bien que tous les Peintres n'ont pas
travaillé dans cette perfection , & qu'il y en a
plufieurs qui ne fongeant qu'à une partie oublient
les autres. C'eft ce qui fait que dans leurs Tableaux l'on voit des figures qui agiffent à contre-
temps , ou qui font dans un trop grand repos.
Que tout y paroît muet , ou que tout crie, &
qu'enfin en voulant donner beaucoup d'union à
leurs couleurs il fe trouve que toutes les chofes
y font d'une même teinte.

Raphaël a été fi fçavant & fi univerfel qu'il
a été bien éloigné de commettre aucun de
ces manquemens, & il ne faut qu'avoir de bons
yeux , & un peu de jugement pour le connoître.

Ce n'eft pas qu'il ne foit vrai que comme
il faut beaucoup d'efprit & de fçavoir pour
produire un ouvrage accompli , il ne foit auffi
néceffaire de beaucoup de difcernement pour
juger de toutes les beautez qui contribuent à
cette perfection. L'Ecole de Florence enfei-
gnoit autrefois à fes difciples à donner plus
de mouvement à leurs figures , en les difpo-
fant de telle forte que tous leurs membres fif-
fent quelque action differente. Elle vouloit
même que cette difpofition de membres for-
mât un contrafte qui fît paroître une figure
pyramidale & mouvante en façon de flâme,
croyant qu'en imitant ainfi le mouvement du
feu, il y avoit plus d'action dans les perfonnes qu'on reprefentoit. Ces enfeignemens ont
été caufe de ce que beaucoup de Peintres qui
les ont fuivis trop exactement ont fait des com-
pofi-

pofitions d'ouvrages bien extravagantes & bien oppofées à celles de l'Ecole de Rome, dont les preceptes font bien plus judicieux.

Voila pourquoi ceux qui ont entendu parler de ce mouvement pyramidal dans les membres fe font imaginez que leurs contours devoient toûjours être enfoncez dans les parties oppo-fées à celles qui font élevées ; Mais s'ils s'in-ftruifoient bien de l'anatomie, ils verroient de quelle façon les nerfs & les mufcles enflent ou diminuent, & que leurs apparences font trés-differentes felon que les corps font ou plus mai-gres ou plus charnus.

Outre cela, il faut confiderer l'action de la figure, car il eft certain que dans celle qui ne fera que lever le bras & tenir un javelot, on ne verra point dans ce bras une auffi for-te apparence de nerfs, comme s'il étoit oc-cupé à pouffer ou à tirer quelque chofe avec effort.

Mr. le Brun fit encore remarquer l'admira-ble conduite de Raphaël dans les couleurs de fon Tableau. Pour mieux repréfenter dans cét Ange un corps qui convienne à un efprit agif-fant & bien-heureux, il femble ne s'être fervi que de trois couleurs qui font paroître de l'ac-tion, & qui tiennent de la lumiere & de l'air. Car on voit que dans fes ailes, dans fes drap-peries, & même dans la carnation le rouge, le jaune & le blanc y dominent davantage.

Il fit voir auffi comme la partie d'en haut de cét Ange eft plus éclairée que celle d'en bas, parce que celle d'en haut n'eft environnée que de l'air, & celle d'en bas eft oppofée à la ter-re & à des morceaux de rochers affez obfcurs qui lui fervent de fond.

C'est pourquoi le Demon qui est abatu sur ces rochers tient beaucoup de leur teinte ; Et ce qui est merveilleux dans cette figure est, que ce qui paroît de plus difforme dans toutes les parties de son corps , ne laisse pas de faire une grande beauté dans la composition de ce Tableau.

Mr. le Brun observa encore comme une chose trés-importante & digne d'être bien remarquée, que le Demon semble écrasé de telle maniere, qu'à bien considerer l'état & la disposition en laquelle il est, on le voit comme accablé sous un fardeau d'une pesanteur extraordinaire. Cependant Saint Michel qui est le seul poids qui l'abat ne lui touche pas seulement du bout du pied. De sorte qu'il faut entrer dans la pensée du Peintre, pour trouver que la cause d'un si terrible accablement vient de la puissance divine, laquelle agissant d'une maniere invisible & toute spirituelle, paroît & montre ses effets sur les corps qui peuvent être vus.

Comme Mr. le Brun eut fini ces remarques, & répondu à quelques questions peu importantes qui furent encore faites sur cét ouvrage, la Compagnie proposa à Mr. Bourdon comme l'un des anciens Recteurs de prendre un sujet pour le premier Samedi du mois prochain. Mais il s'en excusa sur des raisons qui obligerent l'Academie à l'en dispenser. En même temps l'on pria Mr. de Champaigne l'aîné de vouloir se charger de cét emploi, ce qu'il fit volontiers ; & ayant choisi parmi les Tableaux du Roi un de ceux du Titien , il fut resolu qu'on s'assembleroit encore dans le même lieu le premier Samedi de Juin.

S E.

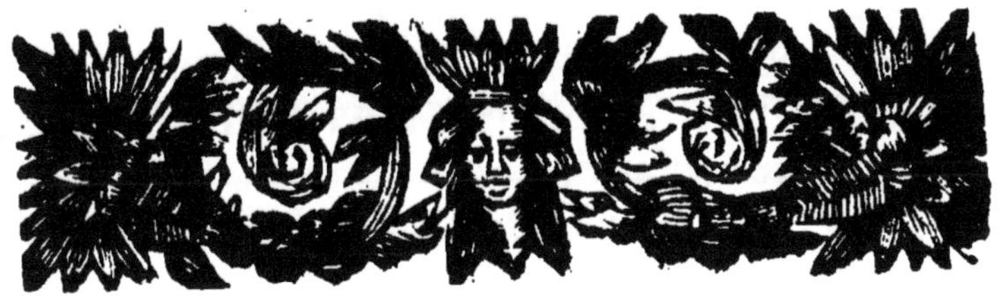

SECONDE
CONFERENCE

Tenuë dans le Cabinet des

TABLEAUX DU ROI.

Le Samedi 4. jour de Juin 1667.

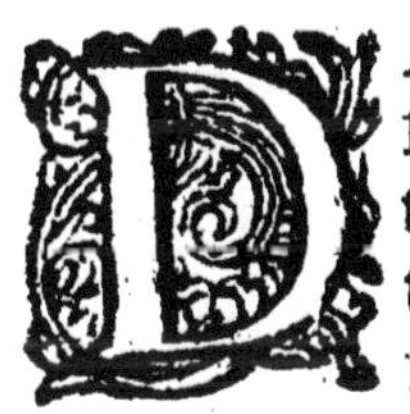

DANS le Tableau qu'on a pris pour
sujet de cette Conference ; le Titien a peint sur une toile de quatre pieds & demi de haut , & de
six pieds & demi de large , le Corps
de nôtre Seigneur que Saint Jean,
Nicodeme & Joseph d'Arimathie portent au
tombeau, accompagnez de la Vierge & de la
Magdeleine.

Mr. de Champaigne l'aîné qui avoit été nom-
mé pour en faire voir les beautez , dit qu'il
ne faisoit pas de doute que ce Tableau ne fût
de la propre main du Titien , & un des plus
beaux & des mieux conservez qui se voyent de
cét excellent homme : Qu'il est peint avec tant

A 7

d'art

d'art & de feu, qu'on peut aifément juger que ce grand Peintre l'a fait dans la vigueur de fon âge, & lors qu'il avoit encore la main fort libre, & l'efprit rempli des plus belles lumieres dont il a été éclairé.

Qu'il y a dans cét Ouvrage plufieurs parties qui meriteroient bien d'être examinées, mais que laiffant à part celles de l'ordonnance, & du deffein, il s'arrêteroit feulement à l'exprefion des figures, & à remarquer de quelle forte le Titien s'eft conduit dans la diftribution des couleurs & des lumieres, en quoi on peut dire qu'il a excellé, & même furpaffé les autres Peintres.

Comme la figure du Chrift eft la principale du Tableau, & à laquelle toutes les autres ont relation, Mr. de Champaigne fit voir que tout ce qui devoit paroître dans un corps mort fe rencontre parfaitement peint dans celui-ci ; qu'on y voit une chûte & une pefanteur dans tous les membres, que la privation du fang & de la vie rendent pâles & livides, en forte que la chair & les veines, les mufcles & les nerfs, qui dans un corps vivant marquent de la fermeté & de la rondeur paroiffent dans celui-ci mols, enfoncez & applatis.

Il fit remarquer enfuite de quelle maniere le corps du Chrift eft difpofé dans ce Tableau. Que les jambes & les pieds fe prefentant les premiers, & la tête & les épaules étans plus éloignées, le Titien a fuppofé que l'ombre d'un de ceux qui portent ce corps en couvre une partie, & particulierement le vifage, afin de faire fuir la tête & avancer les jambes ; pour imprimer davantage fur ce corps les marques de la mort,

dont

dont l'ombre & les tenebres font une veritable image; & pour faire en forte que dans l'obfcurité des couleurs on y vît moins la face adorable du Sauveur du monde qui ne paroît plus avec ces beautez, qui le faifoient confiderer durant fa vie comme le plus beau de tous les hommes.

Il fit obferver que fi ce corps reffemble bien à un corps dépourvu de fang & de vie, les figures qui le portent font voir par leurs actions & par la couleur de leur chair combien elles font animées, & la peine qu'elles ont à foûtenir la pefanteur de ce corps.

Saint Jean eft derriere qui le leve par deffous les épaules, & les deux autres Difciples font aux deux côtez qui foûtiennent le refte; Il y a un de ces Difciples dont le vêtement eft d'une laque fort claire & fort vive; mais comme cét habit eft retrouffé, on en voit la doublure qui eft de couleurs changeantes de vert & de rouge. Cette figure a une efpece d'écharpe fur les épaules, qui eft de ces étoffes de coton blanc rayé de bleu.

Pour l'autre figure qui tient les pieds du Chrift, & qui porte ombre fur fon corps, elle eft vêtuë de vert. La Vierge eft couverte d'un manteau bleu; & bien qu'elle ne foit vuë que de profil, on ne laiffe pas de remarquer fur fon vifage les effets d'une douleur exceffive.

La Magdeleine eft agitée de deux paffions violentes qui la font foufrir avec beaucoup d'effort. Car il paroît qu'elle reffent dans le fond de fon ame une vive douleur de la mort du Sauveur qu'elle regarde avec des yeux, où tout ce qu'elle a de vie femble être ramaffé, comme fi fon ame vouloit fortir par là pour fuivre dans le fepulcre

ce

ce divin objet de son amour. Mais la tendresse &
la compassion qu'elle a pour la mere de cét Epoux
bien-aimé la retiennent auprés d'elle, afin de l'af-
sister : De sorte que si elle suit & accompagne
des yeux & de l'esprit le corps que l'on porte
au tombeau, l'on voit que d'ailleurs elle est attachée auprés de cette mere affligée qu'elle embrasse & qu'elle soûtient, craignant qu'elle ne
tombe de foiblesse.

Les sentimens de Saint Jean étans semblables
à ceux de la Magdeleine, on connoît bien à la
tristesse qui est peinte sur son visage qu'il a le
cœur percé d'une pareille douleur. Il est fort
occupé à porter le corps de son divin Maître ;
cependant il détourne ses yeux pour regarder la
Vierge, dont les maux augmentent encore les
siens, & lui causent une nouvelle affliction.

Il ne paroît pas sur les visages de Nicodeme
& de Joseph d'Arimathie une douleur si violente ; Aussi n'avoient-ils pas reçu de ce divin
Sauveur de si forts témoignages d'amour & de
tendresse comme Saint Jean & la Magdeleine.
Toutefois on ne laisse pas de voir en eux beaucoup de tristesse, & l'on remarque que c'est a-
vec un zele & une affection pleine de respect
qu'ils tâchent de rendre à ce corps les derniers
devoirs de la sepulture.

Mr. de Champaigne fit encore plusieurs remarques sur les autres parties de ce Tableau, s'ar-
rêtant à cette beauté de teintes qui paroît dans
les carnations, à ces dispositions de couleurs si
bien mises les unes auprés des autres dans les
draperies, soit pour faire enfoncer les parties
les plus reculées, soit pour faire avancer les plus
proches, & encore pour produire cette douceur
&

& cette union qui eſt ſi admirable dans les œuvres de ce Peintre.

Il montra l'artifice dont il s'eſt ſervi pour mieux faire paroître les jours & les ombres ; & l'Academie faiſant voir certaines échapées de lumieres, & certains éclats dans le Ciel qui ſont auprés du Saint Jean & aux environs de la tête & des bras du Chriſt, & qui étans d'une teinte obſcure font davantage paroître la lumiere du Ciel & la force du jour, fit conſiderer que cette clarté qui vrai-ſemblablement doit s'approcher davantage, & venir fraper les yeux, eſt néanmoins ſi bien miſe en ſa place, que les autres corps plus bruns ne laiſſent pas de s'avancer, & que ces jours demeurent derriere dans leur lieu naturel. D'où l'on peut apprendre que quand les couleurs ſont bien traitées, le clair & le brun demeurent tantôt loin & tantôt proche, & que c'eſt la maniere de diſpoſer le ſujet, les jours & les ombres qui contribuë encore à la force ou à l'affoibliſſement des couleurs, & qui ſert beaucoup à faire fuir ou avancer les corps.

Enfin chacun demeura d'accord que pour ce qui regarde cette partie de la Peinture, le Titien eſt celui qu'on doit imiter ; & que dans ſes Tableaux *il* faut particulierement conſiderer de quelle ſorte il ménage la force des couleurs pour faire que les ombres & les demi teintes des unes faſſent davantage paroître les grand clairs des autres, mais ſur tout avec quelle induſtrie il ſçait ſi bien relever l'éclat des lumieres, & en faire la plus grande beauté de ſon Tableau, ſans néanmoins qu'une partie efface les autres, ni qu'une couleur bien vive diminuë celles qui le ſont moins. Quel-

Quelques - uns voulurent examiner dans cét Ouvrage les parties du deſſein où ils trouvoient à redire, particulierement dans la figure de Saint Jean , & dans celle du Chriſt. Ils montroient que l'une étoit trop petite , & l'autre trop grande à proportion des autres figures, & blâmoient le Titien d'avoir repreſenté dans une obſcurité ſi grande la tête du Chriſt , & la moitié de ſon corps qui vrai-ſemblablement devoit être la figure la plus éclairée , & qui parût davantage, puis que c'eſt le principal objet qu'on doit conſiderer dans ce Tableau.

Mais l'Academie déclara que comme le Titien n'avoit pas également poſſedé toutes les parties de la Peinture, il faloit s'arrêter à celles où il avoit excellé, & dont Mr. de Champaigne avoit fort bien ſçu faire le diſcernement ; & ajoûtant ſes avis à tout ce qu'il avoit remarqué, elle dit que l'on devoit donc principalement admirer dans cét Ouvrage l'artifice des couleurs, & en conſiderer la belle harmonie. Que cette harmonie ne procedoit que de leur arrangement ; qu'ainſi il faloit remarquer que ſi le Titien a vêtu de laque un de ceux qui portent le corps mort ; c'eſt pour faire paroître ce corps plus pâle & plus défait, & pour en faire fuir la tête & les épaules. Et parce que les jambes du Chriſt ſont éclairées, il a donné à l'autre figure qui les ſoûtient un vêtement vert-brun pour leur ſervir de fond.

Qu'il faloit encore obſerver la difference qu'il y a entre la carnation de ce corps & celle des Diſciples qui le ſoûtiennent, que le Titien a exprés tenus d'une couleur plus forte & plus rouge ; & que ce linceul qui envelope les pieds & les cuiſ-

ſes

ſes ſert par ſa blancheur, à les faire paroître d'u-
ne couleur plus éteinte & plus morte , & à les
faire ſortir hors du Tableau. Mais ſur tout qu'on
devoit prendre garde comme ce Peintre paſſe d'u-
ne couleur à une autre avec une douceur & une
tendreſſe admirable ; Car entre cét habit vert & le
manteau bleu de la Vierge, on voit le vêtement
de la Magdeleine qui eſt jaune , mais dont les
bruns ſont rompus, & tiennent des differentes
couleurs qui l'environnent & ainſi une couleur ne tombe pas tout d'un coup du vert au
bleu, ni du vert au jaune ; car bien que la manche de la Magdeleine ſoit d'un jaune fort vif, &
proche de l'habit vert de Nicodeme, le Titien a
bien ſçu ſéparer ces deux couleurs en retrouſſant
la manche de Nicodeme contre le jaune, & faire
que de l'ombre des unes l'on paſſe à l'ombre des
autres ; En ſorte que les couleurs vives ne tran-
chent pas ſur celles qui ont autant de vivacité,
ou qui ſont auſſi éclairées. Obſervant toûjours
cette maxime qui lui a été particuliere de faire de
grandes maſſes de brun & de grandes maſſes
de clair.

C'eſt encore pour conſerver cette même harmonie de couleurs & cette belle union de teintes
que Saint Jean eſt vêtu d'un manteau rouge, re-
levé d'un peu de jaune ſur les clairs. Car ainſi il
s'accorde fort bien avec l'habit vert de Nicodeme ;
Il s'unit agréablement à la robe de la Magdeleine,
& ne s'éloigne pas du vêtement rouge de Joſeph
d'Arimathie , & de plus il ſert à faire paroître davantage le bras du Chriſt qui paſſe par-deſſus.

La robe bleuë de la Vierge eſt même rompuë
dans les ombres avec un peu de rouge. Et l'on
voit que toutes les extrêmitez des corps tiennent

nent toûjours quelque chofe de ce qui leur fert de fond.

Quant à l'expreffion des vifages , l'Academie ajoûta encore à tout ce qu'avoit dit Mr. de Champaigne , qu'il faloit regarder que pour faire paroître dans la figure de la Vierge cette forte douleur , & cét amour extréme qui ne la rend pas abatuë & retirée en elle-même , comme il arrive d'ordinaire dans les autres afflictions , mais qui la fait agir plus qu'elle ne peut pour fuivre d'efprit & de corps fon cher fils qu'elle voit porter au tombeau ; il faloit , dis-je , regarder que tous les traits de fon vifage fuivent en apparence l'objet qui la tient attachée : Car fes yeux femblent fortir , fes fourcils avancer , & fon nez & fa bouche s'allonger , comme s'ils étoient attirez par ce corps mort.

La Magdeleine porte auffi des marques vifibles de la douleur dont elle eft touchée. On les voit principalement dans fes fourcils abaiffez , & qui lui couvrent les yeux à demi , dans fes cheveux négligez & tombans fur fes épaules ; & enfin dans fon action qui n'a pour objet que ce divin Corps que l'on porte au tombeau.

Saint Jean a auffi les yeux batus & rouges de douleur ; mais le déplaifir de voir la Vierge affligée paroît encore fur fon front par certains plis que forment fes fourcils en s'approchant l'un de l'autre , & en fe relevant par les deux extrémitez.

Aprés que l'Academie eut fait toutes ces remarques particulieres ; on délibera du fujet dont l'on devoit traiter dans l'Affemblée fuivante. Et Mr. Van Opftal ayant été prié de donner fes avis fur quelque ouvrage de Sculpture , il choifit la figure du Laocoon.

TROI-

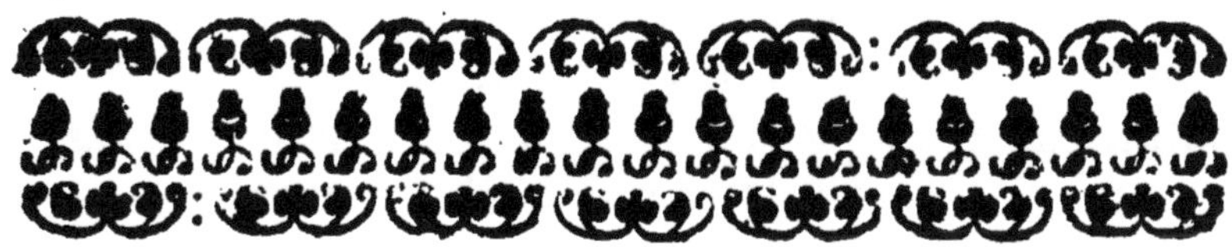

TROISIEME
CONFERENCE

Tenüë dans l'Academie.

Le Samedi 2. Juillet 1667.

BIEN que M. Van Opſtal qui devoit faire l'ouverture de la Conference, n'eût fait porter dans l'Academie que la ſeule figure du Laocoon faite de plâtre, & d'environ dix-huit pouces de haut, ſans être accompagnée de ſes enfans; il ne laiſſa pas néanmoins d'y trouver aſſez de matiere pour entretenir l'Aſſemblée, & pour faire voir des beautez qu'il eſt difficile de rencontrer dans les autres Ouvrages de Sculpture.

Il fit un examen de toutes les parties de cette figure pour en montrer l'excellence. Il remarqua avec quel art le Sculpteur a formé la largeur de l'eſtomac & des épaules dont toutes les parties ſont marquées diſtinctement & avec tendreſſe. Il fit obſerver ſes hanches relevées, ſes bras nerveux, ſes jambes ni trop graſſes ni trop maigres, mais fermes & pleines de muſcles, & gene-

generalement tous les autres membres, où l'on voit que la chair & les nerfs font exprimez avec autant de force & de douceur que dans la nature même, mais dans une belle nature.

Il dit que fi l'on n'appercevoit pas dans cette ftatuë ce contrafte de membre dont les Ouvriers induftrieux fe fervent d'ordinaire pour donner une plus belle action à leurs figures, c'eft à caufe que celle-ci faifant un groupe avec deux autres qui l'accompagnent dans l'Original, fon attitude & toute la difpofition de fon corps fert à faire ce contrafte avec les deux autres figures qui font à fes côtez, ce qui fe connoît fort bien lors qu'on les voit toutes trois enfemble. Il fit remarquer néanmoins qu'il y a dans les membres du Laocoon une diverfité d'actions trés-belle & trés-conforme au fujet.

Il n'oublia pas de faire voir auffi les fortes expreffions qui paroiffent dans cette admirable figure, où non feulement la douleur eft répanduë fur tout le vifage, mais encore dans les autres parties du corps, & même jufques à l'extremité des pieds dont les doigts fe retirent avec contraction.

Comme il n'y a rien dans cette ftatuë qui ne foit formé avec un art merveilleux ; tout le monde demeura d'accord qu'elle devoit être la veritable étude des Peintres & des Sculpteurs. Mais qu'ils ne devoient pas l'avoir fimplement devant les yeux comme un modelle qui ne fervît qu'à deffeigner ; Qu'il faloit en remarquer exactement toutes les beautez, & s'imprimer dans l'efprit une image de tout ce qu'il y a d'excellent, parce que ce n'eft pas feulement la main qui doit agir lors qu'on cherche à fe perfection-

ner

mer dans cét Art ; mais c'eſt au jugement à former ces grandes idées, & à la memoire à les
conſerver avec ſoin.

Et même comme toutes ces fortes expreſſions ne ſe peuvent apprendre en deſſeignant
ſimplement aprés le modelle [a], parce qu'on
ne ſçauroit le mettre en un état où toutes les
paſſions agiſſent en lui , & auſſi qu'il eſt difficile de les copier ſur les perſonnes mêmes en
qui elles agiroient effectivement à cauſe de la
viteſſe des mouvemens de l'ame.   Il eſt donc
trés - important aux Ouvriers d'en étudier les
cauſes ; & pour voir combien dignement on
en peut repreſenter les effets, on peut dire que
c'eſt à ces belles antiques qu'il faut avoir re-
cours, puiſque l'on y trouve des expreſſions
qu'on auroit peine à deſſeigner ſur le naturel.

Auſſi de toutes les Statuës qui ſont reſtées
juſques à preſent, il n'y en a point qui égale celle du Laocoon qui ſe voit dans le Palais du Pape à Belvedere.   C'eſt un chef-
d'œuvre de l'Art qui a été l'admiration des
ſiecles paſſez auſſi bien que de celui-ci , puiſque du temps de Pline [b] il étoit regardé
comme l'ouvrage le plus parfait qui fût dans
Rome.

Cette excellente piece où trois des plus fameux Sculpteurs de la (c) Grece ont déployé
toute leur ſcience, & fait paroître les ſecrets
de l'Art, fut trouvée ſous les ruines du Palais

[a] *C'eſt à dire, un homme qui ſert de mo-*
delle dans les Academies.   [b] *Plin l. 36. c. 5.*
[c] *Ageſander, Polydore & Atheodore.*

lais de Vespasien; & depuis elle a été soigneusement conservée, & a servi de modelle aux plus sçavans Sculpteurs, & aux plus excellens Peintres, qui ont eu raison d'en faire une étude particuliere, puisque l'on y peut apprendre la veritable maniere de bien desseigner; & que pour representer une beauté naturelle, les contours y sont mieux exprimez que dans toutes les autres Statuës antiques.

Il n'y eut personne qui ne convint que c'est sur ce modelle qu'on peut apprendre à corriger même les deffauts qui se trouvent d'ordinaire dans le naturel; Car tout y paroît dans un état de perfection, & tel qu'il semble que la Nature feroit tous ses ouvrages, s'il ne se rencontroit des obstacles qui l'empêchent de leur donner une forme parfaite.

On reconnut encore que ce qui a rendu si recommandable cette figure, est la profonde science que l'Ouvrier a fait paroître à bien representer toutes les marques qui peuvent faire connoître la haute naissance de celui dont il a voulu faire l'image; & le veritable état où il se trouva lors qu'il fut devoré par ces serpens qui sortans du sein de la mer se jetterent sur lui & sur ses deux enfans.

Chacun disant son avis particulier sur ce rare ouvrage, on montra que Laocoon étant fils du Roi Priam & de la Reine Hecube; on ne pouvoit figurer un corps qui convint mieux à son âge & à sa naissance.

Car ce n'est point un corps dont les nerfs & les muscles soient trop marquez & trop ressentis, & où l'on voye autant de force comme dans l'Hercule de Farnese, parce que ce Prince

qui

qui étoit Prêtre d'Apolon, n'étoit ni du temperamment d'Hercule, ni occupé à des travaux
rudes & penibles; Ainſi il n'y avoit pas lieu de
le repreſenter, ni ſi fort, ni ſi vigoureux. On
ne lui a pas donné auſſi les mêmes proportions
qui ſe voyent dans la figure de l'Apolon; Car
dans cette figure il y a une grace & une majeſté
qui fait voir que c'eſt un Dieu qu'on a voulu
repreſenter, & que tous ſes membres ſont plûtôt compoſez pour figurer une beauté extraordinaire & l'image d'une divinité, que le corps
d'un homme dont les parties ont plus beſoin de
force que de grace pour les emplois néceſſaires
dans la vie.

Or c'eſt ce qui fut obſervé dans la Statuë du
Laocoon, où l'on fit voir qu'elle repreſente
parfaitement un homme bien fait, mais un homme déja âgé, & un homme de qualité. De ſorte qu'on peut la conſiderer comme un exemple
accompli d'un corps naturel, & d'un beau corps.
Ce qui fut remarqué fort exactement dans tous
ſes membres, qui ne ſont ni trop forts, ni trop
foibles, mais où il paroît aſſez de muſcles &
aſſez de nerfs pour ſoûtenir la chair, qui d'ailleurs les couvrant agréablement leur donne de
la grace, & fait qu'il n'y a point de ſechereſſe
dans aucune des parties, qui ont pourtant un juſte rapport à la complexion d'un homme déja
avancé en âge, & en qui la nature ne conſerve
plus cette même fraicheur qui ne convient bien
qu'aux jeunes gens.

Sa taille eſt belle, grande & noble. Sa tête
a toutes les qualitez qui repreſentent une perſonne de condition; Elle eſt d'une forme qui approche de la rondeur, ſon nez eſt quarré, ſon

B

front

front large , ſes yeux bien fendus, ſa bouche d'une moyenne grandeur ; & ſi les mouvemens que la douleur cauſe ſur tout ſon viſage n'en avoient point changé les traits, on y verroit les marques les plus belles & les plus naturelles d'un honnête homme.

Et parce que les bras longs & robuſtes, (a) les coudes bien articulez ſont les ſignes d'une perſonne de probité , (b) & que les jambes fermes & nerveuſes ſont un témoignage de grand cœur ; [c] l'Ouvrier qui a taillé cette figure de Laocoon n'a pas manqué de lui donner des caractteres ſi convenables à celui qu'il a voulu repreſenter.

Toutes les autres parties du corps ſont formées avec le même jugement, & elles ſont bien connoître le deſſein qu'on a eû de ne pas faire une image où l'on ne vît qu'une ſimple expreſſion de douleur, mais d'en faire une veritable d'une perſonne de haute naiſſance, & d'un merite particulier.   Ses mains grandes, nerveuſes & articulées de même que ſes pieds ſont les ſignes d'un naturel vigoureux & d'une belle ame.   [d] Et ſes hanches relevées, ſa poitrine large, & ſes épaules hautes ſont auſſi les marques d'un grand courage & d'un homme de bien.

Cependant quoi que toutes ces choſes ſoient dignes d'être conſiderées , on jugea qu'il n'y avoit rien qui meritât d'être admiré comme l'expreſſion douloureuſe que le Sculpteur a ſi

docte-

[a] *Polemen.* [b] *Adamantius.* [c] *Ariſt.*
[d] *Adamantius.*

doctement repreſentée dans tout le corps de cette figure. L'on y remarqua les effets des plus fortes paſſions qu'un homme eſt capable de reſſentir, exprimées d'une maniere ſi ſçavante, qu'il ſemble que cette Statuë ſoit plûtôt un corps animé, qu'une figure de marbre.

Comme elle repreſente l'état où Laocoon ſe trouva lors qu'il fut ſurpris avec ſes enfans par des Serpens qui les lierent de nœuds ſi ſerrez qu'ils n'eurent pas le temps de s'enfuir, ni la force de ſe défendre, Il étoit néceſſaire que le Sculpteur fit voir les diverſes paſſions dont ce Prince malheureux fut auſſi tôt attaqué; & ces paſſions ne peuvent être figurées que par les impreſſions qu'elles ſont capables de faire ſur le corps de celui qui les reſſent.

Or étant vrai-ſemblable que l'horreur, la crainte, la triſteſſe, la douleur, & le deſeſpoir ſe ſaiſirent tout enſemble, & dans le même moment de l'eſprit de Laocoon, lors qu'il ſe vit dans un état ſi miſerable, toutes ces diverſes paſſions devoient être exprimées dans cette figure. Et comme il eſt preſque impoſſible de voir ſur le naturel de ſi étranges effets tout à la fois, & trés difficile de ſe les bien imaginer, il eſt encore plus mal-aiſé de les bien marquer avec le cizeau. Cependant on montra comme quoi tous ſes changemens qui peuvent arriver dans une action ſi ſurprenante, & tous les mouvemens que des paſſions ſi fortes ſont capables de produire ſur le corps d'un homme, ſont exprimez dans cette figure d'une maniere admirable.

L'on dit que les deux Serpens qui ſe preſenterent à la vuë de Laocoon, & qui ſe jette-

 rent

rent sur lui, sont la premiere cause de toutes les passions qui semblent l'agiter ; parce qu'un objet si affreux, ayant été representé à l'ame par le moyen des esprits, qui lui font une peinture dans le cerveau de tout ce qui lui peut nuire, elle donna aussi-tôt un mouvement aux esprits qui servent à faire mouvoir les parties du corps dont elle a besoin pour se garantir du peril qui la menace.

Ainsi par les bras & les jambes de cette figure, il paroît qu'elle se défend des deux serpens, & qu'en les serrant de ses mains, elle tâche à s'en délivrer. Mais comme ses efforts sont inutiles, l'ame qui est saisie de tristesse & de desespoir, imprime d'autres marques sur le visage. Et parce que c'est dans le cerveau que les esprits se remuënt davantage par les divers mouvemens que leur donne cette glande, qui est selon l'opinion de quelques Philosophes le siege de l'ame, & qui les fait agir sur les nerfs en autant de manieres qu'elle ressent de passions diférentes, on voit que les parties du visage étans fort proches du cerveau, elles reçoivent de plus prompts changemens. Car ces esprits émus & échauffez passent aussi-tôt des nerfs dans les muscles, & en les remplissant extraordinairement, les enflent davantage & les font racourcir ; Ce qui fait que le nez, la bouche, & les sourcils se retirent, & que les yeux offencez de l'objet qu'ils voyent s'élevent en haut & se détournent.

On ajoûta que ces mêmes esprits passant plus outre dans tous les nerfs & dans tous les muscles du corps, les font élever & paroître davantage à l'endroit de l'estomac, & aux parties qui

sont

font d'ordinaire agitées par ces paſſions violentes: Et même comme ils ſe répondent juſques à l'extremité des pieds, on voit dans cette figure que les doigts en ſont retirez & tous crochus; De ſorte qu'il n'y a pas une ſeule partie dans tout ce corps où l'on ne reconnoiſſe le trouble & l'agitation qu'à pû reſſentir un homme qui s'eſt trouvé dans un pareil état.

Pour découvrir encore ce qui fait que ſur le viſage & dans tous les autres membres de cette Statuë, les nerfs & les muſcles y forment les principales apparences, & pourquoi la chair y paroît retirée, & les veines mêmes moins remplies & moins évidentes; l'on dit que la peur & la triſteſſe jointes à une douleur trés grande, étreſſiſſant les orifices du cœur, font que le ſang coule plus lentement dans les veines, & que devenant plus froid & plus condencé il occupe beaucoup moins de place.

Qu'outre cela preſque tout le ſang du corps ſe retirant par la crainte aux environs du cœur, les parties qui en ſont privées deviennent pâles, & la chair moins ſolide, particulierement au viſage, où le changement eſt d'autant plus viſible que la peur eſt plus grande & plus imprévuë; Qu'ainſi comme les membres manquent de chaleur par le deſfaut du ſang, on voit que la tête de Laocoon panche ſur les épaules; ce qui ne marque pas moins ſa foibleſſe & la douleur qu'il reſſent, que l'action d'un homme accablé de miſere qui veut implorer l'aſſiſtance du Ciel.

Enfin cette Statuë eſt ſi accomplie que tout le monde demeura d'accord que c'eſt ſur ce modele que l'Ecole de Rome qui a produit tant de grands Perſonnages, a puiſé comme dans une ſource trés

pure la plus grande partie de ſes belles connoiſſan-
ces.   Et les Peintres qui travailloient du temps de
Raphaël & de Jule Romain, ne ſe laſſant jamais
de conſiderer cét Ouvrage, & d'en faire leur principale étude, doñnerent lieu à Titien d'en faire
une raillerie lors qu'il fut à Rome.   Car étant
comme tous les autres Peintres de Lombardie,
plus amoureux de la beauté du coloris que de la
grandeur du deſſein, & ſe moquant de cette affection ſi particuliere que les Peintres de Rome té-
moignoient avoir pour cette Statuë, il fit un deſſein
que l'on voit gravé en bois, où ſous la figure d'un
Singe avec ſes deux petits, il repreſenta l'image de
Laocoon.   Voulant faire entendre par là que les
Peintres qui s'attachoient ſi fort à cette ſtatuë n'é-
toient que comme des Singes, qui au lieu de produire quelque choſe d'eux-mêmes, ne faiſoient
qu'imiter ce que d'autres avoient fait avant eux.

Si la figure qu'on avoit expoſée dans l'Academie eût été ſemblable à l'original, l'on eût trouvé de quoi s'entretenir plus long-temps, & avec
plus de plaiſir & d'utilité; Mais comme dans une
ſi petite copie l'on n'y apperçoit qu'une foible idée
des beautez qui ſont dans l'original, on ſe contenta d'y remarquer les choſes les plus apparentes, re-
mettant à un autre temps à examiner plus ample-
ment toutes les trois figures qui compoſent ce beau
groupe.

L'on pria Mr. Mignard l'aîné de choiſir dans le
Cabinet du Roi un Tableau pour l'Aſſemblée
prochaine, ce qu'il fit en prenant un de ceux de
Raphaël.

Cependant comme l'Academie ſe trouva occu-
pée pendant le mois d'Août à quelques affaires
preſſantes, l'on remit la Conference au premier
Samedi de Septembre.   QUA-

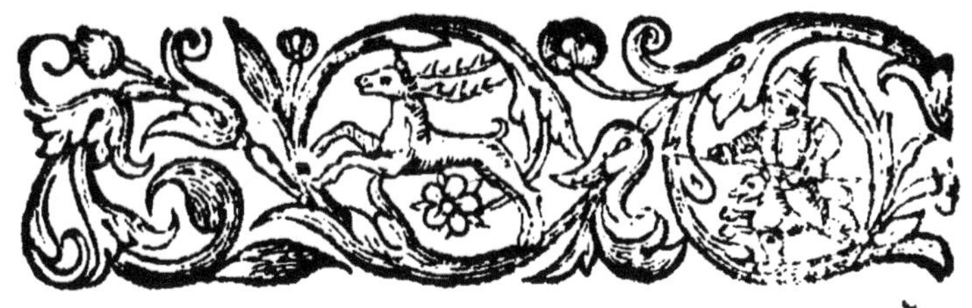

QUATRIEME
CONFERENCE

Tenuë dans le Cabinet des

TABLEAUX DU ROI.

Le Samedi 3. Septembre 1667.

Mr. Mignard qui avoit choiſi le Tableau (a) où Raphaël a peint la
Vierge tenant le petit Jeſus ſur ſon
berceau, & autour duquel on voit
S. Jean, ſainte Elizabeth, S. Joſeph,
& deux Anges, dit à la Compagnie
qu'il appercevoit tant de beautez dans cét Ouvrage, qu'il ne ſçavoit ſur leſquelles il devoit
s'arrêter pour commencer ſon diſcours.

Que cependant comme il ne trouvoit rien
de ſi admirable que la grandeur de l'expreſſion,

B 4 &

______

(a) *Il a ſix pieds & demi de haut ſur quatre pieds & demi de large.*

& que c'eſt la partie par laquelle on peut dire que Raphaël a particulierement merité le nom de divin, il ſe ſentoit engagé à conſiderer d'abord de quelle ſorte ce grand Peintre a imprimé ſur chacune de ſes figures des caracteres ſi conformes à ce qu'elles repreſentent, & ſi proportionnez à la ſainteté de ſon ſujet.

Il montra donc combien il paroît de modeſtie & de reſpect ſur le viſage, & dans la contenance de la Vierge; Il fit remarquer l'amour de cette mere pour ſon enfant, & la tendreſſe de l'enfant pour ſa mere. La veneration de ſainte Elizabeth, & la profonde humilité du petit ſaint Jean. L'attitude repoſée de ſaint Joſeph, & la joye accompagnée d'admiration ſi bien exprimée ſur les viſages des deux Anges.

Il dit que dans ce Tableau on voyoit la netteté d'eſprit & le grand jugement de Raphaël, conſiderant de quelle maniere il s'eſt conduit dans ce travail, & le choix qu'il a fait de tout ce qu'il y a de plus beau pour en compoſer ſes figures.

Que s'il a pris tant de ſoin à leur donner de la vie par de fortes expreſſions, il n'a pas négligé les autres choſes néceſſaires à l'entiere perfection d'un Ouvrage. L'on voit par la beauté de ſon ordonnance, comme ſa premiere intention a été de les placer ſelon leur dignité, ayant mis le petit Jeſus au milieu, & la Vierge dans la ſeconde place.

Il obſerva qu'encore que ces figures ſoient toutes attentives à un ſeul ſujet & attachées à regarder le petit Jeſus, il n'y en a point néanmoins dont les viſages ne ſoient vus avantageuſement, & dont toutes les parties ne ſoient diſpopoſées d'une maniere trés - agréable.

Il montra comme quoi par le moyen des jours & des ombres, non ſeulement il a donné de la force & de l'affoibliſſement à tous les corps ; mais encore il a fait que la lumiere paroît avec plus d'éclat & de beauté ſur ſes principales figures, l'ayant répanduë plus fortement ſur le corps du petit Jeſus, & enſuite ſur les autres avec une telle diſcretion qu'ils n'en reçoivent que ce qui leur eſt néceſſaire pour faire tout l'effet que le ſujet demande.

Mais ſur tout, il remarqua que pour rendre ce divin enfant plus éclairé, Raphaël a évité tous les accidens qui pouvoient interrompre les rayons du jour, & lui porter de l'ombre , ne voulant pas qu'il y eût aucune obſcurité dans celui qui eſt lui-même la ſource de toute lumiere.

Les autres figures ne reçoivent pas la clarté de la même ſorte, on voit que leur jour eſt éteint à meſure qu'elles s'éloignent , afin de les faire fuir autant par l'affoibliſſement de la lumiere, que par la dimunition des grandeurs & des groſſeurs. Ce n'eſt pas que ces corps ſoient entierement privez de grandes lumieres ; au contraire il y a des endroits où elles ſont répanduës largement, mais avec moins de force dans les parties éloignées que dans les plus proches. Car Mr. Mignard montra que tous les rehauts des figures ſont fortement éclairez, particulierement l'épaule & la manche de ſainte Elizabeth, le bras & la robe de la Vierge, & ainſi toutes les autres grandes parties ; Ce qui non ſeulement donne beaucoup de tendreſſe dans tout ce grand Ouvrage, mais encore fait que toutes les maſſes ſe maintiennent lors qu'on eſt dans une juſte di-

B 5 ſtance,

ſtance, & qu'elles ne ſe détruiſent pas l'une l'autre, comme il arrive lors qu'il y a une trop grande quantité de parties qui reçoivent du jour & de l'ombre, ſoit dans les carnations, ſoit dans les draperies.

Il fit même remarquer qu'encore qu'il y ait beaucoup de plis dans les vêtemens des figures, ils ſont néanmoins ſi judicieuſement diſpoſez & ſi bien entendus, que ceux qui ſont dans les grandes parties éclairées, n'ont point de fortes ombres, & ceux qui ſont dans les endroits privez du jour ne ſe détachent point de cette obſcurité par des éclats de lumieres qui les faſſent trop paroître. Que dans tous les habits Raphaël a conſervé une grandeur & une nobleſſe ſi convenable aux perſonnes qu'il repreſente, que bien loin de cauſer aucun embaras, ou de cacher la beauté des proportions du corps ; au contraire, ils les font paroître avec davantage de grace & de majeſté. Qu'il s'eſt adroitement ſervi des plis pour remplir ces ouvertures, ou ces endroits vuides que l'on appelle des trous, & qui engendrent de la ſechereſſe dans les Tableaux, lors qu'ils ne ſont pas conduits avec art, les ayant ſi bien jettez ſur ſes figures, qu'on ne peut pas dire qu'il y en ait un ſeul qui entre dans les membres, ni qui les eſtropie, comme l'on voit ſouvent en d'autres Ouvrages.

Il montra comment ce grand Peintre a ſuivi dans la couleur la même diminution de force, que dans les ombres & les lumieres ; & que la figure du petit Jeſus étant la principale de ſon Tableau, toutes les autres lui cedent dans la beauté du coloris, dont la fraîcheur & la vivacité fait qu'on s'y attache tout d'un coup comme au

prin-

principal objet : Et pour attirer d'abord les yeux
en cét endroit, il a mis fur le berceau de l'enfant un couffin, dont la blancheur rend ce
lieu-là plus clair & capable de fraper davantage la vuë.

Il fit encore confiderer que la grande force de
ce Tableau confifte dans les lumieres & les ombres, & dans la diminution des couleurs que le
Peintre a doctement ménagées dans toutes les
figures dont les contours fe terminent & fe perdent dans le brun, & fur les parties qui leur fervent de fond, fans s'être fervi de réflects trop
fenfibles qui auroient fait paroître cét Ouvrage avec beaucoup moins de relief.

Il ne voulut pas s'étendre fur ce qui regarde
le deffein, difant que comme c'eft en quoi Raphaël a toûjours excellé, il n'y a point de partie dans ce Tableau où l'on n'en doive admirer
la beauté. Que c'eft de ce grand homme qu'on
peut apprendre à deffeigner avec juftesse & avec
grace, fans faire de ces rehauts, qui au lieu de
donner plus de force & de grace à une figure ou à
un membre le font paroître fec & defagréable.
Qu'il eft bien vrai qu'il a été fi jaloux de la précifion du deffein & fi foigneux de le conferver
toûjours entier, que quelques-uns même ont cru
qu'il a penché du côte de la fecherefse. Mais on
peut dire avec plus de verité, qu'il a pris le
milieu entre le trop moileux & le trop mufclé,
dont la premiere maniere fe pratiquoit dans l'Ecole
de Lombardie, & la feconde dans celle de Florence.

En quittant la maniere fêche qu'il avoit apprife
fous Pietre Perugin, il fe donna bien de garde de
tomber dans une autre extrêmité en abandonnant
le correct pour s'attacher feulement à la couleur &

B 6

à une

à une façon de peindre trop delicate, qui souvent ne fert qu'à couvrir les défauts du deffein. Et certes il y a une fi grande difference entre fes Ouvrages, & ceux de Pietre Perugin, qu'on ne peut affez admirer la grandeur du genie de ce Peintre incomparable, lors que l'on confidere de combien il a furpaffé fes Maîtres en peu de temps, & comment il a tout d'un coup porté l'Art de la Peinture à un point fi élevé au-deffus de ce qu'il étoit, que perfonne n'a pû encore lui ôter la gloire d'être le premier & le Maître de tous les Peintres.

Mr. Mignard ayant ceffé de parler, pria tous ceux qui étoient préfens de dire leur fentiment fur les chofes qu'il avoit remarquées. Une perfonne de la compagnie trouva à redire de ce qu'on avoit particulierement eftimé ce Tableau à caufe qu'il n'y a aucuns reflects; & dit que bien loin de les condamner dans un Ouvrage, ils y doivent être exactement obfervez. Qu'ils donnent plus de beauté & plus d'éclat aux figures : Que le Titien l'a ainfi obfervé, lui dont les couleurs & les lumieres font fi naturelles, & fi charmantes; & qu'il faloit plûtôt dire que cette omiffion de reflects dans le Tableau de Raphaël eft un manquement qu'on ne fçauroit excufer.

Mr. Mignard repartit que tant s'en faut que les lumieres de reflects foient avantageufes dans un Ouvrage, qu'au contraire elles en diminuent la force, & font que les membres d'un corps paroiffent tranfparens ; parce que d'un côté étant éclairez de la premiere lumiere, & de l'autre d'une feconde lumiere de reflection, & même dans des endroits qui devroient recevoir de l'ombre, ils
paroif-

paroiſſent comme s'ils étoient d'une matiére diaphane , & ſemblable à du criſtal où le jour paſſe au travers ; Ce qui bien loin de donner de la force & du relief aux figures les rend foibles & ſans rondeur.

Qu'il eſt bien vrai que dans la Nature , on voit ſouvent des parties qui ſont éclairées par des jours de reflects ; & même que les Peintres ſont obligez d'imiter ces effets naturels. Mais qu'il faut prendre garde à faire un beau choix de ces accidens , & s'en ſervir avec tant de diſcrétion , qu'il n'arrive jamais qu'une ſeconde lumiére diminuë la force de la prémiere , & empêche qu'un membre en ait moins de rondeur.

De plus , qu'il faut conſiderer que Raphaël ayant repreſenté ſes figures dans une chambre éclairée d'un jour particulier , & qui vient par un ſeul endroit, il ne peut y avoir de reffects ſur les parties privées de la principale lumiere , parce que les parties qui reçoivent tout le jour , portent ombre ſur celles qui pourroient faire ces reffects. Et c'eſt à quoi Raphaël a bien pris garde, afin de donner plus de force à ces figures par cette oppoſition des jours & des ombres.

Lors que Mr. Mignard eut reparti de la forte à l'objection qui lui avoit été faite, l'Academie appuya ſon ſentiment : Et parce qu'il ſembloit que ce particulier en rapportant pour exemple les Ouvrages du Titien eût voulu inferer que ce Peintre eût imité la nature plus parfaitement que Raphaël : Elle dit que ſi l'on doit eſtimer les Tableaux par la vraye & naturelle repreſentation des choſes, il ne faut pas faire

re comparaison de ceux du Titien avec ceux
de Raphaël, puisque Titien n'avoit jamais pen-
sé en travaillant à ses Ouvrages qu'à leur donner de la beauté & à les farder, pour ainsi dire,
par l'éclat des couleurs, & non pas à representer régulierement les objets comme ils sont : Et
que Raphaël, au contraire, n'a jamais eû d'autre but que d'imiter exactement la Nature dans
ses plus belles parties, dont il faisoit un choix
trés-judicieux, & le plus avantageux qu'il pouvoit pour donner à ses figures davantage de
force, de grandeur & de majesté.   Que dans cét
Ouvrage dont l'on faisoit l'examen , bien loin
d'avoir commis une faute en n'éclairant pas ses
figures par des jours de reflection, il avoit travaillé avec beaucoup de jugement & de connoissance, puis que les ayant placées dans une chambre, il n'y doit avoir que peu ou point de reflects : ces sortes de jours ne venans ordinairement que quand les figures sont éclairées d'une
lumiere universelle. Car alors comme toutes
les parties en sont environnées, les couleurs de
chaque partie se reflechissent les unes contre les
autres : en sorte que l'on voit celles des draperies se mêler quelquesfois ensemble, & même
se porter confusément contre les carnations.
Mais il est si vrai que dans un lieu fermé & qui
ne reçoit le jour que par un seul endroit, il ne
doit pas y avoir de lumieres reflechies comme
dans une campagne, que Leonard de Vinci (a)
reprend comme d'une faute trés lourde les Peintres, qui aprés avoir desseigné quelque figure
dans

(a) *Ch.* 46.

dans leur chambre à une lumiere particuliere, s'en servent dans la composition d'une histoire, dont l'action se passe dans les champs, ou dans un lieu où toutes les parties des corps doivent être éclairées d'un jour universel, à cause que ce qu'ils auront peint chez eux aura des ombres plus fortes que celles qui paroissent à la Campagne.

Ce n'est pas que Raphaël ait ignoré l'Art de bien peindre les reflects, & qu'il ne les ait parfaitement representez lors qu'il les a jugez nécessaires pour la beauté de ses Ouvrages : Mais comme il est certain qu'il y a des rencontres où ils peuvent diminuer beaucoup de la force & de la grace d'un Tableau, il a bien sçu éviter les occasions où il auroit été obligé de s'en servir: Et c'est pour cela qu'il a disposé de telle sorte les figures de cette Peinture admirable, que la principale lumiere n'éclaire point les endroits qui pourroient se refléchir contre des membres qui étans déja illuminez d'un côté le seroient encore d'une seconde lumiere dans la partie qui doit être ombrée. Car si le corps ou les bras du petit Jesus qui reçoivent le jour tout à plein du côté droit, recevoient encore du côté gauche une seconde lumiere de reflection : Il est certain qu'au lieu d'avoir cette force & ce relief que le clair & l'obscur leur donne, ils demeureroient plus foibles & d'une teinte, qui étant plus uniforme diminueroit de leur rondeur.

Il faut encore considerer que comme la lumiere ne se répand point sur les corps, qu'elle n'y porte en même temps les couleurs des choses par où elle passe ou qui l'environnent: Ainsi

lors

lors que des rayons se reflechissent d'un corps sur un autre, ils se chargent aussi de la couleur de ce premier corps qu'ils mêlent avec celle du second : De sorte que si l'estomac & le ventre du petit Jesus venoit à être fortement éclairé d'un jour de reflect, ce jour ne pourroit venir que de la robe de la Vierge, laquelle étant d'une couleur rouge & fort vive, & portée par une lumiere refléchie, dont la premiere qualité est la blancheur, feroit paroître dans le lieu où sont les ombres une couleur d'un rouge clair, qui mêlée avec la couleur naturelle de la carnation, au lieu de donner de la rondeur à ce corps le rendroit d'une égale teinte & sans relief. C'est donc pourquoi Raphaël a fait que les vêtemens de la Vierge sont ombrez dans les endroits où, s'ils recevoient du jour, ils pourroient refléchir leurs couleurs contre la carnation.

Que ce n'est pas que la partie de la robe qui couvre le genou, & qui est la plus éclairée ne renvoye quelque petits reflects : Mais comme cette robe est d'une étoffe qui ne peut pas rejetter avec force la lumiere qu'elle reçoit, les reflects sont si doux & si tendres qu'on ne les apperçoit presque point sur le corps du petit Jesus, si ce n'est par une teinte un peu rougeâtre qui paroît dans les ombres.

Aussi ce seroit une chose bien étrange de s'imaginer que Raphaël eût été capable de manquer en cela. Il faudroit plûtôt accuser le temps qui veritablement a effacé en quelque sorte les teintes les plus douces, & considerer que le noir dont l'on s'est servi, ayant surmonté les autres couleurs est demeuré le plus fort, & em-

empêche que presentement on ne voit plus l'effet qu'elles faisoient auparavant dans les endroits où le jour des draperies faisoit quelque reverberation.

Raphaël qui avoit moins peint à huile qu'à fraisque, & qui connoissoit que dans cette derniere sorte de travail les noirs s'éclaircissent toûjours, & ne demeurent jamais aussi forts dans la suite du temps, comme quand on les employe, ne sçavoit pas encore qu'ils font un autre effet, lors qu'ils sont broyez avec de l'huile; & qu'au lieu de s'affoiblir ils se fortifient, & même confondent avec eux les couleurs voisines, & les rendent plus obscures. Car l'huile étant une liqueur grasse qui ne seche pas comme l'eau, mais qui s'étend & se dilate, elle porte avec soi les parties les plus déliées de chaque couleur & les mêle tellement les unes avec les autres, que c'est ce qui fait cette union & cette douceur qui paroît dans les Tableaux à huile, & qui ne se voit pas dans ceux à détrempe. Mais aussi comme le noir est une couleur forte & qui corrompt aisément les autres, il arrive que les Ouvrages travaillez à huile se noircissent par succession de temps, & que quand il y a trop d'huile dans les couleurs, & qu'elles ne sont pas bien employées, elles se gâtent & perdent bien-tôt leur lustre, ce qui n'arrive pas si aisément à celles qui sont travaillées à fraisque. Voila donc pourquoi dans ce Tableau les ombres y paroissent un peu trop noires & trop fortes, & qu'on n'y remarque plus les autres couleurs que Raphaël a employées, lors qu'il a voulu joindre les extrêmitez d'un corps à un autre, & represen-

senter quelques petites communications de teintes & de lumieres.

L'Academie déclara auſſi qu'il ne faloit pas
accuſer le Titien de s'être trop ſervi de reflects, & même elle fit voir dans les Tableaux
de ce Maître, qu'il n'y en a que dans les endroits où ils ſont abſolument néceſſaires. Mais
que ſon grand Art a été d'étendre ſur les corps
de grandes ombres & de grandes lumieres pour
leur donner plus de beauté & de grace; ne regardant pas s'il s'éloignoit de la Nature, mais
cherchant ſeulement à ſatisfaire les yeux, & à
repreſenter des objets agréables.

Que quand à Raphaël il a eû des idées beaucoup plus nobles, plus relevées & plus conformes à la raiſon : Que dans le ſeul Tableau
qu'on avoit expoſé, on pouvoit admirer tout
ce que l'Art eſt capable de produire, & ce qu'un
beau genie peut imaginer de plus grand. Que
ſans parler de cette diſpoſition de figures ſi aiſée, ſi belle & ſi heureuſement trouvée, & dont
Mr. Mignard venoit de faire des remarques, il
y avoit tant de matiere de diſcourir ſur la nobleſſe & la diverſité des expreſſions, que l'on y
pourroit employer non pas une ſeule Conference, mais autant de temps qu'on voudroit de-
meurer à regarder cét Ouvrage, parce qu'il n'y
a point de partie qui ne donne de l'admiration,
& qui ne ſoit un grand ſujet d'étude à tous les
Peintres.

Mais que la Compagnie ne pouvant pas s'arrêter dans un ſi long détail de toutes ſes parties, il faloit ſeulement conſiderer avec attention de quelle ſorte ce grand Peintre s'eſt conduit dans la diſtribution qu'il a fait de ſes diverſes

fés expreffions, & comment il a marqué fur le vifage de chacune de fes figures les affeétions qui leur font convenables.

Lors qu'il n'eft queftion que de peindre de fortes paffions, où l'ame agite tellement toutes les parties du corps, qu'il n'y en a point qui ne faffe voir par fes mouvemens l'état où fe trouve celui qui eft ému d'une forte haine ou d'une furieufe colere: il n'eft pas mal-aifé au Peintre de donner à fes figures une expreffion affez fignificative de ce qu'il veut reprefenter. Mais quand il eft befoin de montrer dans un Tableau des paffions qui n'agiffent que peu & foiblement, ou de ces affeétions cachées dans le fond du cœur: c'eft alors qu'un Ouvrier a lieu de donner des marques de fa grande capacité, puis qu'il doit fçavoir la nature de ces émotions, comment elles font engendrées dans l'ame, & de quelle forte elles paroiffent au dehors, afin de former fur le corps de fes figures des fignes qui les faffent connoître, mais des fignes veritables & naturels; qui fans forcer les organes, ni les faire agir malgré eux les mettent en état néanmoins de découvrir ce qui fe paffe dans l'efprit de la perfonne qu'on a voulu reprefenter.

L'on voit fi fouvent la joye & la gayeté fur le vifage des enfans, qu'il n'y a guére de Peintres qui ne fçachent les figurer en cét état, & qui n'expriment bien dans les yeux & dans la bouche le ris qui eft un effet vifible du plaifir interieur qu'ils reffentent lors qu'ils voyent quelque chofe qui leur plaît, ou qu'on leur donne ce qu'ils defirent. Mais on peut dire que la joye que Raphaël a peinte fur le vifage du

petit

petit Jesus a quelque chose de singulier, puis que l'on voit que ce n'est point une joye enfantine, & qui naisse d'un subit mouvement de plaisir qu'il pourroit recevoir en voyant sa mere qui l'ôte de son berceau.

Ses yeux qui sont attachez fixement à la regarder; son ris médiocrement marqué aux extremitez de la bouche, mais qui paroît davantage dans ses yeux ouverts, vifs & brillans: cette petite action caressante qu'il fait en haussant la tête & tendant les bras vers la Vierge, montrent une affection judicieuse, & une tendresse pleine d'amour envers sa mere, qui donnent plûtôt à connoître les graces dont il veut la favoriser, que celles qu'il voudroit recevoir d'elle comme font d'ordinaire les autres enfans.

Par l'action de la Vierge qui baisse les yeux & qui reçoit son fils avec un profond respect, on voit combien elle revere ce cher enfant: Et par cét abbaissement & cette soûmission qu'elle fait paroître en le touchant avec humilité, elle montre le devoir de la créature envers son Créateur.

Comme son amour pour ce divin Enfant n'est point une passion, semblable à celle qu'on à d'ordinaire pour les choses que l'on aime pour soi-même, ou à l'égal de soi-même, & qu'elle ne vient pas simplement des sentimens naturels que les meres ont pour leurs enfans: Mais que cette passion est un amour tout divin, causé par la connoissance qu'elle a de la grandeur incomprehensible de celui qu'elle tient. On voit qu'elle regarde avec une estime toute particuliere ce saint Enfant qu'elle aime par dessus toutes choses, & que cét amour est representé par des

mar-

marques d'une veritable devotion qui sont exprimées par la disposition de son corps qui a un genou en terre, par cette maniere respectueuse avec laquelle elle reçoit son fils, non pas en l'embrassant ni en le caressant avec liberté, comme font les autres meres, mais en lui tendant agréablement les bras; Par ces yeux abaissez & à demi ouverts qui marquent sa reverence; Par cette couleur vermeille qui est répanduë sur tout son visage, qui témoigne l'ardeur de son amour, & la joye interieure de son ame : Et enfin par tous les autres traits, & les autres parties de son corps qui demeurent sans action, & qui ne font voir qu'une contenance sage, modeste & pleine de pudeur.

L'on voit aussi sur le visage de Sainte Elizabeth une grande humilité & un profond respect. Elle tient Saint Jean, & il semble qu'elle lui enseigne la veneration qu'il doit avoir pour le petit Jesus. Ce divin Précurseur joint les mains, & quoi qu'enfant l'on découvre déja en lui quelque chose de sérieux & d'austére; car le Peintre a fait qu'il n'y a point de mouvement dans sa bouche ni dans ses yeux qui marquent d'autre action que celle que l'ame fait faire à tous les sens corporels, lors qu'ils sont fortement attachez à contempler Dieu & à l'adorer.

Saint Joseph est appuyé d'une maniére grave; & bien qu'il regarde la Vierge & son Fils, on voit pourtant qu'il a des pensées qui l'occupent intérieurement, comme s'il méditoit sur les grandes choses que doit accomplir ce divin Enfant dont il est le fidele dépositaire.

L'Académie montra encore de quelle sorte Raphaël a divinement peint sur le visage des Anges

ges une joye & une beauté qui semble surnatu-
relle ; & que cette joie paroît particuliérement
dans leurs yeux, où il y a un certain vif & un
brillant, qui est la marque du plaisir de l'ame.
Car lors qu'elle sent quelque chose qui lui plaît,
elle fait que le cœur se dilate, que les esprits
les plus chauds & les plus purs montans au cerveau, & se répendans sur le visage particuliérement dans les yeux, réchauffent le sang, éten-
dent les muscles, ce qui rend le front serain, &
donne un plus beau lustre, & un plus grand é-
clat à toutes les autres parties.

Enfin la Compagnie demeura d'accord que ce
Tableau est un Chef-d'œuvre de ce grand Peintre, & un Ouvrage incomparable qu'il fit pour
le Roi François premier. Il le jugea si digne de
ce Monarque & de lui, qu'il mit son nom dans
le bord de la robe de la Vierge, où l'on voit en
lettres capitales, *RAPHAEL URBINAS
PINGEBAT M. D. XVIII.* c'est-à-dire,
deux ans avant sa mort, & lors qu'il étoit dans
sa plus grande force.

On nomma en suite Mr. Nocret pour parler
dans la prémiere Conférence, lequel choisit pour
son sujet un Tableau de Paul Veronese qui est
dans le Cabinet du Roi.

CIN-

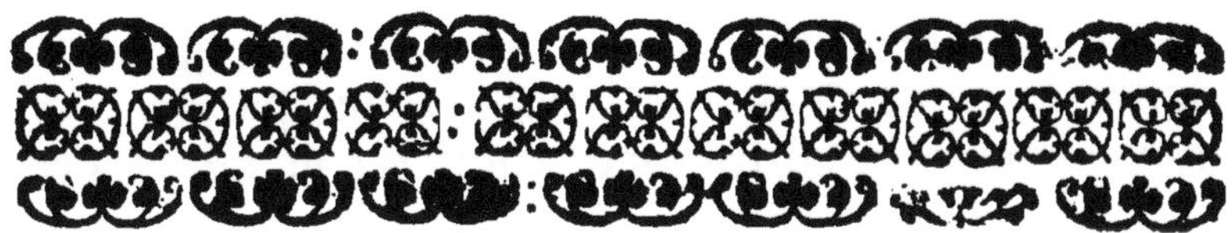

CINQUIEME

CONFERENCE

Tenuë dans le Cabinet

DES TABLEAUX DU ROI.

Le Samedi premier jour d'Octobre 1667.

LORS que l'Académie se fut assemblée dans le Cabinet des Tableaux du Roi, & que chacun eut consideré le sujet sur lequel on devoit faire des observations : Mr. Nocret qui étoit préposé pour cét effet, fit entendre à la Compagnie, qu'aprés les excellentes remarques qu'on a faites dans les derniéres Conférences sur les Tableaux de Raphaël, & du Titien, & sur les Statuës antiques, il semble qu'il n'y auroit pas lieu de rien dire davantage sur ce qui regarde la Peinture, si c'étoit un Art qui eût des bornes aussi étroites que la plûpart des autres Arts ; mais que celui-là s'étend si loin, & est composé d'un si grand nombre de belles parties , qu'il ne devoit pas craindre de manquer de matiére pour entretenir l'Assemfemblée ; Qu'il appréhendoit plûtôt de ne le pas faire avec toute la pureté de langage que defire le fujet dont il eft obligé de parler , & avec toute la fuffifance qu'il feroit néceffaire dans une Affemblée où il voudroit bien pouvoir fatisfaire la curiofité des perfonnes fçavantes, & inftruire en même temps ceux qui en ont befoin.

Qu'il a choifi un Tableau de Paul Veronefe afin de faire voir que l'étude de la Peinture eft fi vafte, qu'il n'y a point eu de Peintre célébre qui n'ait poffedé quelque partie plus parfaitement que les autres , & à qui la Nature n'ait donné en partage un talent particulier.

Que Paul Veronefe peut être confideré comme l'un de ces illuftres Peintres, étant certain que tout ce qu'il a fait tire fa prémiere origine de fon beau naturel, & qu'on peut dire que la Peinture l'eft allé chercher jufques dans le berceau ; puifque dés fes premiéres années il témoigna fon inclination pour elle , & qu'il la fuivit toûjours nonobftant le defir que fes parens avoient de l'engager dans une autre profeffion. De forte que ce qu'il y a particuliérement de remarquable dans les Ouvrages de ce grand homme , eft cette facilité de peindre fi naturelle & fi agréable qu'on y voit , toutes chofes femblant s'y être faites d'elles-mêmes & fans peines.

Qu'il ne s'arrêteroit pas à parler, ni de fa naiffance, ni du temps auquel il a travaillé, ni des Ouvrages qu'il a fait , puifque cela n'eft point de fon fujet. Que même il ne diroit rien de beaucoup de parties où il n'a fait qu'égaler la plûpart des autres Peintres, mais qu'il

s'arrê

s'arrêteroit seulement à celles où il a excellé, & en quoi l'on voit qu'il y en a peu qui soient arrivez à un si haut degré que lui.

Que ce Tableau qui représente nôtre Seigneur dans le Bourg d'Emaüs, & assis à table au milieu des deux Disciples, ausquels il se manifesta aprés sa Resurrection, peut être consideré dans son ordonnance, dans son dessein & dans ses couleurs. Que pour ce qui est de la maniere dont ce sujet devoit être traité pour garder la vrai-semblance, on voit que c'est à quoi le Peintre ne s'est point attaché, ayant peut-être été obligé par celui qui le faisoit travailler de représenter ce grand nombre de figures qui composent une famille entiére, dont apparemment l'on a voulu qu'il fit les portraits, au nombre desquels il a mis aussi le sien.

Mais s'il n'a pas observé toute la vrai-semblance nécessaire à ce sujet: il faut considérer comme une partie admirable de ce Tableau la grandeur de l'ordonnance, & regarder de quelle sorte toutes les figures sont disposées d'une maniére si noble qu'il n'y a rien qui d'abord ne surprenne la vuë & ne charme l'esprit. Ce qu'il y a d'Architecture est fort bien entendu; mais comme il affectoit de négliger plusieurs parties qui ne sont pas les plus importantes, afin de faire paroître davantage les principales, Mr. Nocret ne s'arrêta aussi qu'à montrer ce qui est de plus considérable. Il fit remarquer la beauté du dessein, & la varieté qu'il y a dans les airs de tête, où la grace, la force, & la douceur se rencontrent conformes à l'âge, au sexe, & aux conditions des personnes qu'il a représentées.

C

Com-

Comme Paul Veronese avoit une maniére de vêtir ses figures, qui d'ordinaire n'étoit pas fort convenable aux sujets qu'il traitoit, & que c'est en quoi on ne doit pas l'imiter, il dit qu'il n'en parleroit point ; mais que les expréssions, les lumiéres & les couleurs étans admirables dans ce Tableau, c'est à quoi il s'arrêteroit davantage.

Il commença par la figure du Christ, où il fit voir comment le Peintre y a répandu la lumiére sur le visage, & la dispose d'une maniére si noble & d'une beauté si singuliére, qu'il n'y a point de traits qui ne marquent parfaitement l'image d'un corps glorieux.

Le Disciple qui est au côté gauche de ce divin Sauveur paroît tout étonné, ce qui fait voir que Paul Veronese a voulu représenter le moment auquel Jesus-Christ en faisant la bénédiction sur le pain, se fit connoître ; car ce Disciple est si ému qu'il se retire en arriére comme surpris d'une action si merveilleuse.

Sa surprise ne paroît pas seulement par la disposition de son corps ; on la voit peinte sur son visage par tous les signes qui arrivent, lors qu'il survient quelque action que l'on n'a point prévuë, comme d'avoir les yeux fixement attachez sur le Christ, les sourcils élevez, & la bouche entr'ouverte.

Pour conserver davantage la force de la lumiére dans la figure de nôtre Seigneur, cét excellent Peintre s'est contenté de donner à celle de ce Disciple quelques éclats de jour qui frappent sur son épaule & sur sa manche, & de faire paroître sur son genou une lumiére glissante.

Pour

Pour l'autre Difciple comme il eft vis à vis du Chrift, un peu plus fur le devant du Tableau, il eft peint avec beaucoup de force; & parce qu'il eft proche de la table dont la nape caufe une grande blancheur, le Peintre l'a tenu d'une carnation plus vive & plus chargée, afin de le détacher de cette blancheur, ne l'ayant pas auffi éclairé d'une forte lumiere, pour faire que celle qui eft la principale dans le Tableau domine toûjours dans la figure du Chrift : Il a feulement fait paroître un éclat de jour fur un peu de linge qui lui fert de manche.

Auprés de ce Difciple il y a un jeune garçon d'une fort grande beauté. Il a le vifage tout éclairé pour faire voir par la qualité & la quantité de lumiere qu'il reçoit, la diftance qu'il y a entre le Chrift & le Difciple. Ce jeune garçon a la main fur la tête d'un autre enfant encore plus jeune, & cette tête n'eft éclairée que fur le front par un raïon de jour qui le frape, pour montrer encore l'endroit où il eft placé, & où la lumiere paffe.

Il y a deux hommes qui fervent à table, dont l'un reffemble fort bien à un Cuifinier. Il eft vêtu d'une façon convenable à fon emploi, mais ce qu'on doit remarquer eft la maniere dont il eft difpofé pour faire paroître plus avantageufement la figure du Difciple qui eft fur le devant, dont le Peintre a eu deffein d'en faire une des principales de fon Tableau.

Auprés de ce Cuifinier l'on en voit un autre qui porte un plat, & qui regarde en quel endroit de la table il le pofera. Sa pofture & fes regards montrent affez bien qu'il eft appliqué à ce qu'il fait. Il y a derriere lui une femme déja âgée dont le vifage eft peint d'une demi teinte.

C 2

De

De l'autre côté du Tableau & derriere la figure du Christ est un jeune garçon vêtu d'un habit jaune, mais dont la couleur est éteinte pour servir de champ au manteau du Christ, & qui du côté du jour reçoit l'ombre du Disciple opposé. Cette partie du Tableau est composée des principaux de la famille, que Paul Veronese a eu dessein de représenter. C'est là qu'on peut admirer sa grande facilité à bien disposer ses figures, & cette belle maniere de les mettre dans des actions aisées & agréables. Il y a sur le devant une femme qui tient un petit enfant entre ses bras, & qui a auprés d'elle un autre petit garçon qui semble se cacher sous sa robe. Paul Veronese a pris soin de faire voir dans ces figures une carnation plus belle & plus fraiche que dans toutes les autres, & de ne faire paroître qu'une masse de couleurs vives & agréables qu'il a éclairées d'une lumiere forte & étenduë, parce que ce groupe étant en quelque sorte séparé de son principal sujet, il ne lui ôte rien de sa force, mais fait comme une autre partie où la vuë se repose, & voit avec plaisir cette belle union de couleurs que Mr. Nocret fit remarquer dans les draperies qui s'accordent parfaitement bien avec toutes les chairs, & qui s'unissent tendrement les unes avec les autres, ne tombant pas tout d'un coup d'une extrême couleur à une autre, mais se servant toûjours des couleurs voisines pour rompre les couleurs les plus fortes.

Il fit aussi observer la figure d'un jeune enfant qui est devant cette femme, & qui tient un petit chien en ses mains. Il est vêtu d'une étoffe fort brune pour faire contraste avec les autres couleurs

qui

qui font derriere, & pour faire paroître davantage
la tête de ce jeune enfant où Mr. Nocret fit voir
une fi belle maniere de peindre, & des teintes fi
douces & fi naturelles, qu'il eft difficile de rien
faire de plus parfait.

Il montra auffi comme pour relever encore
ce groupe de figures , & oppofer quelque chofe à la beauté de cette femme & à la fraicheur
de ces enfans ; le Peintre a mis fur le derriere
un homme vêtu de noir , & à côté de lui un
More qui fert à faire enfoncer tout le Tableau.
Ces deux figures plus fortes en couleur & moins
illuminées font un contrafte admirable avec le
grand éclat de ces brillantes carnations, & de
ces vives lumicres qui font répanduës fur les figures dont je viens de parler , & empêchent que la
vivacité de ces carnations & de ces lumicres ne
fe confondent avec certains éclats de jour , qni
brillent fur des vafes d'or & d'argent rangez fur un
buffet que l'on apperçoit entre deux colonnes.

Derriere cette femme il y a un homme qui
vrai-femblablement repréfente Paul Veronefe,
dont la tête eft peinte avec grand force & avec
affez de lumiere. Mais à côté de cette femme &
un peu plus loin il y a deux filles, dont la plus jeune n'eft éclairée que d'une lumiere de reflects , qui
vient de l'habit rouge du Difciple qui eft devant
elle , ne recevant aucun jour direct que fur le
bas de fa robe, pour marquer feulement le vrai
lieu où elle eft placée.

Derriere cette jeune fille il y en a une autre
un peu plus grande qui hauffe la tête d'une façon trés-agréable. Elle eft dans une demi teinte,
& fert à faire que les figures dont elle eft environnée, fe détachent fi bien les unes des autres que

C 3

l'œil

l'œil n'est point embarassé, & ne trouve rien qui ne le contente & ne le charme.

Sur le devant de ce Tableau il y a deux petites filles qui se joüent avec un gros chien d'une façon qui convient bien à de jeunes enfans ; Elles sont vêtuës d'une étoffe blanche à fleurs d'or, ce qui sert avec la lumiere que le Peintre y a répanduë, à les rendre plus agréables, & à les faire paroître encore plus proches de la vuë.

Mr. Nocret ayant fait remarquer comment dans cette belle composition les figures sont parfaitement disposées, & les ombres & les jours donnez avec une force & une diminution convenable à cette belle ordonnance, dit que l'on devoit particulierement considerer cette grande facilité, & cette maîtrise qui paroît dans cét Ouvrage, où l'on voit que dans la disposition & placement des figures, il n'y a rien de contraint ni d'embarassé, mais que tout y est libre, soit dans les attitudes, soit dans la situation.

Que les teintes des carnations y sont si naturelles & si charmantes, que tout y semble vivant ; non seulement par l'expression des mouvemens qui sont les principales marques de la vie, mais aussi par la couleur de la chair qui paroît si vraye, que l'on croit voir la peau couvrir le sang, les muscles & les os comme dans les corps naturels.

Il fit remarquer que Paul Veronese ayant représenté ses figures sous une loge ou galerie ouverte de toutes parts ; celles qui sont du côté gauche par où entre le plus grand jour, reçoivent plus de clarté que les autres ; ce qui se remarque bien dans le portrait de Paul Veronese, & dans cette femme qui tient un enfant.

Car

Car de l'autre côté où font les hommes qui fervent fur table, on voit que la lumiere eft beaucoup moins forte.

Quelqu'un de la Compagnie dit auffi qu'on devoit confiderer dans ce Tableau qu'à l'égard de la lumiere, ce Peintre ne prenoit pas tant garde à l'effet particulier qu'elle fait d'ordinaire fur les corps ; ni aux ombres que les figures peuvent porter les unes fur les autres, comme il étoit exact à répandre de grandes maffes de jour & d'obfcurité dans les endroits où elles pouvoient caufer un plus bel effet. Qu'auffi jamais il ne s'arrêtoit à examiner ce que chaque partie étoit capable de recevoir d'ombre ou de lumiere ; mais il confideroit tout fon Tableau à la fois, & felon la difpofition des grandes parties, il y répandoit de plus grands jours. Que c'eft par là qu'il a trouvé le fecret de charmer les yeux, & cette partie a été fi fort recherchée par tous les Peintres de Lombardie, que pour la poffeder plus parfaitement ils ont négligé les autres : au lieu que ceux de l'Ecole de Rome ont fait fcrupule de prendre ces licences, demeurant le plus qu'ils ont pû dans l'imitation du beau naturel.

Que cependant l'on peut tirer beaucoup d'inftruction des uns & des autres, en cherchant une difpofition avantageufe & des jours qui puiffent produire ces beaux effets, & même en quelque rencontre aider à la nature, & la parer s'il faut ainfi dire, de lumieres choifies, lors principalement qu'on ne fait rien qui lui foit entierement oppofé, ou qui la rende méconnoiffable.

Quant aux couleurs de ce Tableau l'on voit

 bien

bien qu'elles font belles, fraiches & employées avec une grande facilité & une pratique aifée, mais il n'y a pas pourtant dans leur arangement cette douce harmonie, & cette belle union qui fe trouve dans celles du Titien.

Quelqu'un voulut trouver à redire dans le vifage du Chrift, & montrer qu'il paroiffoit enflé, & les jouës trop rondes ; mais l'on fit voir que la difpofition où il eft, & la lumiere dont il eft éclairé, étoit caufe qu'il y paroiffoit une fi grande uniformité de teintes ; ce qui étoit même néceffaire pour faire connoître la propre lumiere de ce corps glorieux, laquelle ne permet pas que toutes les parties du vifage foient fi diftinctes & fi fortement marquées, ce que chacun reconnut véritable, ne trouvant rien dans cette Image qui ne foit tout à fait admirable & divin.

Il y en eut même qui excuferent l'ordonnance de ce Tableau, & dirent que cette famille fi nombreufe pouvoit avoir rapport à une femblable qui fe feroit rencontrée dans le lieu où ces Difciples furent prendre leur repas, laquelle voyant peut-être quelque chofe d'extraordinaire dans le Chrift lors qu'il entra avec ces deux Difciples demeurerent là pour le confiderer. Mais l'Academie ne s'arrêta pas à cette charitable excufe, & ne voulut rien dire davantage fur la bien-féance néceffaire pour l'accompliffement de cét Ouvrage, fe contentant d'en recommander les parties dignes d'être imitées, comme font celles dont Mr. Nocret a fait des remarques.

Et parce qu'on avoit parlé des jours de reflects dans une des Conferences précedentes, & qu'on
avoit

avoit dit qu'ils n'étoient pas avantageux, ni mê-
me naturels dans les lieux enfermez, & que cependant il y avoit dans ce Tableau, une jeune
fille qui n'étoit éclairée que d'une lumiere re-
fléchie qui faisoit un trés-bel effet ; l'Academie fit voir que toutes ces figures n'étoient pas
dans un lieu qui fût comme une chambre qui
ne reçoit son jour que d'une seule ouverture,
mais qu'il est percé de toutes parts, &'tire, particulierement du côté gauche une lumiere trés-
forte & tiés-étenduë.

Mais de plus elle montra que cette figure
n'est pas éclairée d'une lumiere premiere, mais
seulement d'une seconde de reflects, & qu'ainsi
elle a une partie éclairée du côté de la lumiere réfléchissante, & que l'autre est ombrée ; ce
qui ne cause pas le même inconvenient comme
dans celles qui sont éclairées d'un côté par
la principale lumiere & de l'autre par un jour
de reflection.

Que c'est de la sorte qu'on en peut user trés-
avantageusement, & faire naître de beaux effets
dans un Tableau par le moyen de ces diverses lumieres données à propos.

Cette Conference étant finie, l'Academie pria
Mr. le Brun de vouloir choisir un Tableau pour le
premier Samedi du mois prochain.

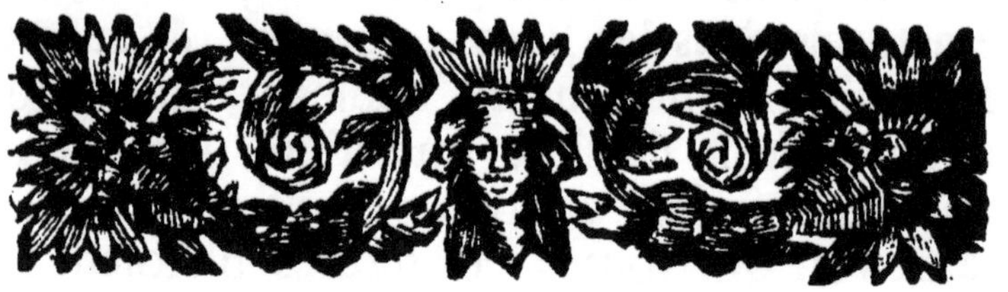

SIXIEME
CONFERENCE

Tenuë dans

L'ACADEMIE ROYALE.

Le Samedi 5. jour de Novembre 1667.

Mʀ. le Brun dit à la Compagnie, que si les Ouvrages des plus grands Peintres qui ont été dans les deux derniers siecles ont fourni jusques à présent de matiere pour les Conferences que l'on a tenuës, il est bien juste que ceux d'un Peintre de ce temps servent aussi à l'entretien de l'Academie.

Que la premiere fois qu'il a parlé dans l'Assemblée il a pris pour sujet de son discours un Tableau de Raphaël, dont le merite l'a rendu l'admiration de son siecle & l'honneur de sa nation.

Qu'aujourd'hui il parlera d'un Tableau de Mr. Poussin qui a été la gloire de nos jours & l'ornement de son païs.

Que

Que le divin Raphaël a été celui fur les ouvrages duquel il a tâché de faire fes Etudes; & que l'illuftre Mr. Pouffin l'affifta de fes confeils & le conduifit dans cette haute entreprife. De forte qu'il fe fent obligé de reconnoître ces deux grands hommes pour fes Maîtres, & d'en rendre un témoignage public.

Que quand l'on a examiné les Peintures de Raphaël & des Peintres de fon fiecle, chacun a donné beaucoup à fes conjectures & deferé à fes propres fentimens, parce que les couleurs dont ils fe font fervis, n'ayant pas confervé leur premier éclat ni leurs véritables teintes, l'on ne voit pas bien tout ce que ces grands hommes ont repréfenté, & l'on ne peut plus juger de tout ce qu'ils ont mis de beau dans leurs Ouvrages.

Mais comme il a eu l'avantage de converfer fouvent avec ce grand homme dont il entreprend de parler, & que fes Tableaux ont encore le même luftre, & la même vivacité de couleurs qu'ils avoient lors qu'il y donnoit les derniers traits, il en pourra dire fon fentiment avec plus de connoiffance & de certitude que des autres.

Que fi l'on a remarqué des talens particuliers dans chaque Peintre Italien; il remarque tous ces talens réünis enfemble dans nôtre feul Peintre François. Et s'il y en a quelqu'un qu'il n'ait pas poffedé dans la derniere perfection, au moins il les a tous poffedez dans leur plus grande & principale partie.

Que Raphaël a donné matiere de difcourir fur la grandeur des contours, & fur la maniere correcte de les deffeigner; fur l'expreffion na-

turelle des paſſions, & ſur la façon noble de vêtir
ſes figures.

Que dans le Titien on a remarqué la belle entente des couleurs, & le vrai moyen d'en trouver
l'union & l'harmonie.

Que Paul Veroneſe a fourni dequoi s'entretenir ſur la facilité & la maîtriſe du pinceau, &
ſur la grandeur de ſes ordonnances & de ſes com-
poſitions.

Mais qu'il fera remarquer dans l'Ouvrage du
fameux Mr. Pouſſin toutes ces parties raſſemblées,
& encore d'autres que l'on n'a point obſervées
dans les Peintres dont l'on a parlé.

Que pour cela il partagera ſon diſcours en quatre parties.

Dans la premiere, il parlera de la diſpoſition en
général, & de chaque figure en particulier.

Dans la ſeconde, du deſſein & des proportions
des figures.

Dans la troiſiéme, de l'expreſſion des paſſions.

Et dans la quatriéme, de la perſpective
des plans & de l'air, & de l'harmonie des couleurs.

Que la diſpoſition en général contient trois choſes qui ſont auſſi générales en elles-mêmes; ſçavoir la compoſition du lieu, la diſpoſition des figures, & la couleur de l'air.

Que la diſpoſition des figures qui comprend
le ſujet, doit être compoſée de parties, de groupes & de contraſtes. Les parties partagent la vûë,
les groupes l'arrêtent & lient le ſujet. Et pour
le contraſte, c'eſt lui qui donne le mouvement
au ſujet.

Mais avant que de paſſer outre & de dire ce
qui

qui fut obfervé par Mr. le Brun dans le Tableau de Mr. Pouffin, il eft néceffaire de faire une image de cét excellent Ouvrage, & d'en expofer comme une copie qui bien que trés-imparfaite ne laiffera pas de fervir à l'intelligence des chofes que je rapporterai par aprés.

Ce Tableau repréfente les Enfans d'Ifraël dans le defert, lors que Dieu leur envoya la Mane.

Il a fix pieds de long fur quatre pieds de haut. Son paifage qui eft compofé de montagnes, de bois & de rochers repréfente parfaitement un lieu defert.

Sur le devant on voit d'un côté une femme affife qui donne la mamelle à une vieille femme, & qui femble flater un jeune enfant qui eft auprés d'elle. Tout proche il y a un homme debout couvert d'une draperie rouge, & un peu plus derriere un autre homme malade qui eft affis à terre, & qui fe leve à demi & appuyé fur un bâton.

Cette femme qui donne à tetter eft vêtuë d'une robe bleuë & d'un manteau de pourpre rehauffé de jaune; & celle qui tette eft habillée de jaune.

Il y a un autre vieillard auprés de ces femmes qui a le dos nud, & le refte du corps couvert d'une chemife & d'un manteau mêlé de rouge & de jaune. On voit un jeune homme qui le tient par le bras & qui aide à le lever.

Sur la même ligne & de l'autre côté à la gauche du Tableau paroît une femme qui tourne le dos, & qui tient entre fes bras un petit enfant. Elle a un genou à terre, fa robe eft jaune, & fon manteau bleu. Elle fait figne de la main à un jeune homme qui tient une corbeille pleine de Mane d'en porter à ce vieillard dont je viens de parler.

Prés de cette femme il y a deux garçons, dont le plus grand repouſſe le plus jeune, afin d'amaſſer lui ſeul la Mane qu'il voit répanduë à terre ; & un peu devant elles on voit quatre figures. Les deux plus proches repréſentent un homme & une femme qui receüillent de la Mane ; & des deux autres l'une eſt un homme qui en porte à ſa bouche, & l'autre une fille vêtuë d'une robe de couleur mêlée de bleu & de jaune qui regarde en haut, & qui tient le devant de ſa robe pour recevoir la Mane qui tombe du Ciel.

Proche le jeune garçon qui porte une corbeille, il y a un homme à genoux qui joint les mains & leve les yeux au Ciel.

Les deux parties de ce Tableau qui ſont à droit & à gauche, forment deux groupes de figures qui laiſſent le milieu ouvert & libre à la vuë pour découvrir plus avant Moïſe & Aaron. La robe du prémier eſt d'une étoffe bleuë, & ſon manteau eſt rouge. Pour le dernier il eſt tout vêtu de blanc. Ils ſont accompagnez des anciens du peuple qui ſont diſpoſez en pluſieurs attitudes différentes.

Sur les montagnes & ſur les colines, qui ſont dans le lointain, on voit des tentes, des feux allumez, & une infinité de gens épars de côté & d'autre, ce qui repréſente bien un campement.

Le Ciel eſt couvert de nuées fort épaiſſes en quelques endroits, & la lumiére qui ſe répand ſur les figures paroît une lumiére du matin qui

n'eſt

n'eſt pas fort claire, parce que l'air eſt rempli de vapeurs, & même d'un côté il eſt plus obſcur par la chute de la Mane.

Mr. le Brun dit qu'on devoit conſidérer dans ce Tableau la compoſition du lieu, & regarder comment elle forme parfaitément bien l'image d'un déſert affreux, & d'une terre inculte.

Que le Peintre ayant à repréſenter le peuple Juif dans un Païs dépourvu de toutes choſes, & dans une extréme néceſſité ; il faut que ſon Ouvrage porte des marques qui expriment ſa penſée & qui conviennent à ſon ſujet.

C'eſt pour cela qu'on voit ces figures dans une langueur qui fait connoître la laſſitude & la faim dont elles ſont abatuës.

Que l'air même eſt éclairé d'une lumiére ſi pâle & ſi foible qu'elle imprime de la triſteſſe. Et quoi que ce païſage ſoit diſpoſé d'une maniére trés ſçavante & rempli de figures admirables, la vuë néanmoins n'y trouve pas ce plaiſir qu'elle cherche, & que l'on trouve d'ordinaire dans les autres Tableaux qui ne ſont faits que pour repréſenter une belle campagne.

Ce ne ſont que de grands rochers qui ſervent de fond aux figures. Les arbres qu'on y voit ont un feüillage ſec, & qui n'a nulle fraicheur, la terre ne porte ni plantes ni herbes, & l'on n'apperçoit ni chemins ni ſentiers qui faſſent juger que ce Païs-là ſoit frequenté.

Il dit que ce qu'il appelle parties, ſont toutes les figures ſeparées en divers endroits de ce Tableau, leſquelles partagent la vuë, lui donnent

nent moyen en quelque façon de se promener
autour de ces figures, & de considerer les divers
plans & les diférentes situations de tous les
corps, & les corps mêmes differens les uns
des autres.

Que les groupes sont formez de l'assemblage
de plusieurs figures jointes les unes aux autres
qui ne séparent point le sujet principal, mais
au contraire qui servent à le lier & à arrêter la
vuë; en sorte qu'elle n'est pas toûjours erran-
te dans une grande étenduë de Païs. Que pour
cela lors qu'un groupe est composé de plus de
deux figures, il faut considérer la plus apparen-
te, comme la principale partie du groupe; &
quant aux autres qui l'accompagnent, on peut
dire que les unes en sont comme le lien & les
autres comme les supports.

Que c'est là qu'on trouve ce contraste judicieux qui sert à donner du mouvement, & qui
provient des diférentes dispositions des figures
qui la composent, dont la situation, l'aspect &
les mouvemens étant conformes à l'histoire engendrent cette unité d'action, & cette belle harmonie qu'on voit dans ce Tableau.

Qu'il faut regarder la figure de la femme qui
donne la mamelle à sa mere, comme la principale de ce groupe, & la mere & le jeune enfant comme la chaîne & le lien. Le vieillard
qui regarde cette action, & ce jeune homme
qui le prend par les bras servent de part & d'autre à soûtenir ce groupe, lui donnent une grande étenduë dans le Tableau, & font fuïr les autres figures qui sont derriére.

Car s'il n'y avoit que la femme qui donne sa
mamelle, sa mere & son enfant qui composas-

sent

sent ce groupe, & que n'ayant pas pour supports ces autres figures, elles fussent seules op-
posées à celle de Moïse, & aux autres qui sont
encore plus loin, il est évident que ce groupe
demeureroit trop sec & trop maigre, & que
tout l'Ouvrage paroîtroit composé de trop de
petites parties.

Il en est de même de la femme qui tourne le
dos, on voit qu'elle est soûtenuë d'un côté par
le jeune homme qui tient une corbeille, par
celui qui est à genoux; & de l'autre côté par
ces deux figures qui ramassent la Mane, par
cét homme qui en goute, & par cette jeune
fille qui tend sa robe.

Quant à la lumiére, il fit observer de quelle sorte elle se répand confusément sur tous
les objets. Et pour montrer que cette action
se passe de grand matin, on voit encore quelque reste de vapeurs dans le bas des montagnes & sur la surface de la terre qui la rend
un peu obscure, & qui fait que les objets é-
loignez ne sont pas si apparens. Cela sert à
faire paroître davantage les figures qui sont sur
le devant, sur lesquelles on voit fraper certains éclats de la lumiére qui sort par des ouvertures de nuées que le Peintre a faites exprés pour autoriser les jours particuliers qu'il
distribuë en divers endroits de son ouvrage.

L'on reconnoît même qu'il a affecté de tenir l'air plus sombre du côté où tombe la
Mane; & de ce côté-là où l'air est plus obscur
les figures y sont plus éclairées que de l'autre
côté où l'air est plus serain; ce qu'il a fait pour
les varier toutes, aussi bien dans les effets de la
lumiére que dans leurs actions, & pour donner
une

une plus agréable diverſité de jours & d'ombres à ſon Tableau.

Aprés avoir fait ces remarques ſur la diſpoſition de tout l'Ouvrage, il examina ce qui regarde le deſſein, & fit voir combien Mr. Pouſſin a été ſçavant & exaĉt dans cette partie. Il
montra comme les contours de la figure de ce
vieillard qui eſt debout ſont grands & bien deſ-
ſeignez : que toutes les extrêmitez des parties
ſont correĉtes, & prononcées avec une préciſion qui ne laiſſe rien à deſirer davantage.

Mais ce qu'il fit obſerver de plus excellent
dans cette rare Peinture, & qui eſt digne d'être
bien conſidcré; c'eſt la proportion de toutes
les figures laquelle Mr. Pouſſin a tirée des plus
belles antiques, & qu'il a parfaitement accom-
modée à ſon ſujet.

Il montra que la figure de ce vieillard qui eſt
debout a la même proportion que celle du Laocoon, laquelle conſiſte dans une taille bien faite, & une compoſition de membres convenables à un homme qui n'eſt ni extrêmement puiſ-
ſant ni trop délicat.

Que c'eſt ſur cette même proportion qu'il
a formé le corps de cét homme malade. Car
bien qu'il ſoit maigre & décharné, on ne laiſſe
pas néanmoins de reconnoître dans tous ſes
membres un juſte rapport capable de former
un beau corps.

Quant à la femme qui donne la mamelle à
ſa mcre, il fit voir qu'elle tient de la figure
de Niobé, que toutes les parties en ſont deſ-
ſcignées agréablemcnt & trés correĉtes; & qu'il
y a comme dans la ſtatuë de cette Reine une
beauté mâle & délicate tout enſemble qui marque

que une bonne naiſſance, & qui convient à une femme de moyen âge.

La mere eſt ſur la même proportion, mais comme elle eſt plus âgée, on y voit plus de maigreur & de ſechereſſe. Car la chaleur naturelle venant à s'éteindre dans les vieilles gens, il arrive que les nerfs & les muſcles ne ſont plus ſoûtenus avec tant de vigueur qu'auparavant, & qu'ainſi ils paroiſſent plus relachez, & même cauſent certaines apparences au travers de la peau que le Peintre ne doit pas omettre pour bien imiter le naturel.

Le vieillard qui eſt couché derriére ces femmes, tire ſa reſſemblance de la ſtatuë du Seneque qui eſt à Rome dans la vigne de Borgheſe. Car Mr. Pouſſin ayant l'eſprit rempli d'une infinité de belles idées que ſes longues études lui avoient acquiſes, a choiſi l'image de ce Philoſophe comme la plus convenable pour bien repréſenter un vieillard venerable qui paroît homme d'eſprit. On y voit une belle proportion dans les membres, une apparence de nerfs, & une ſechereſſe dans la chair qui ne vient que d'une grande vieilleſſe, & des fatigues qu'il a ſouffertes.

Quant au jeune homme qui lui parle, il remarqua qu'il tient beaucoup de la proportion du l'Antin qui eſt à Belvedere, & fit voir dans les contours des membres une chair ſolide qui témoigne la force & la vigueur de la jeuneſſe.

Ces jeunes garçons qui ſe battent ſont de deux proportions diférentes. Le plus jeune ſemble pris ſur le modelle de l'aîné des enfans de Laocoon; & pour bien figurer un âge encore tendre & peu avancé, le Peintre a fait que toutes les parties en sont délicates & peu formées. Mais l'autre qui paroît plus âgé & plus vigoureux tient de cette forte compofition de membres qu'on voit dans un des Luteurs qui eft au Palais de Medicis.

La jeune femme qui montre le dos a quelque reffemblance de la Diane d'Ephefe qui eft au Louvre ; car bien que cette jeune femme foit plus couverte d'habits, on ne laiffe pas de connoître au travers de fes draperies la beauté & l'élegance de tous fes membres, dont les contours délicats & gracieux forment cette taille fi agréable & fi affée que les Italiens nomment *Svelta.*

L'on voit que le Peintre a eu deffein de faire dans ce dernier groupe une oppofition de proportions avec le premier dont j'ai parlé, afin qu'il y eût un contrafte entr'eux, & qu'ils paruffent diférens par les âges, & par la délicateffe qui fe rencontre dans toutes ces figures auffi bien que par leurs actions. Car dans ce jeune homme qui porte une corbeille, on y voit une beauté délicate qui ne peut avoir pour modelle que cette admirable figure de l'Apollon antique, les contours de fes membres ayans quelque chofe encore de bien plus gracieux que ceux du garçon qui parle à ce vieillard, qu'on voit bien n'être pas d'une naiffance fi relevée.

Cette jeune fille qui tend fa robe, a la taille & la proportion de la Venus de Medicis ; & cét homme qui eft à genoux femble avoir été imité fur l'Hercule Commode.

Aprés que Mr. le Brun eut fait remarquer

ces

ces merveilleuses proportions , & comment le Peintre les a si bien suivies sans qu'il y paroisse rien de copié, ni qui soit tout à fait semblable aux originaux ; il passa à la troisiéme partie de son discours, & parla des Expressions.

Il montra d'abord que Mr. Poussin a rendu toutes ses figures si propres à son sujet , qu'il n'y en a pas une dont l'action n'ait rapport à l'état où étoit alors le peuple Juif , qui au milieu du désert se trouvoit dans une extréme nécessité , & dans une langueur épouventable, mais qui dans ce moment se vit soulagé par le secours du Ciel. De sorte que les uns semblent souffrir sans connoître encore l'assistance qui leur est envoyée; & les autres qui sont les prémiers à en ressentir les effets sont dans des actions diférentes.

Mais pour entrer dans le particulier de ces figures , & apprendre de leurs actions mêmes, non seulement ce qu'elles font, mais ce qu'elles pensent, il fit un détail trés-exact de tous leurs mouvemens.

Il dit que ce n'est pas sans dessein que Mr. Poussin a représenté un homme déja âgé pour regarder cette femme qui donne à tetter à sa mere , parce qu'une action de charité si extraordinaire devoit être considérée par une personne grave, afin de la relever davantage, d'en connoître le merite, & donner sujet en s'appliquant à la voir, de la faire aussi remarquer plus particuliérement par ceux qui verront le Tableau. Il n'a pas voulu que ce fût un homme grossier & rustique, parce que ces sortes de gens ne font pas reflection sur les choses qui meritent d'être considérées.

Com-

Comme ce grand Peintre ne difpofoit pas fes figures pour remplir feulement l'efpace de fon Tableau, mais qu'il faifoit fi bien qu'elles fembloient toutes fe mouvoir, foit par des actions du corps, foit par des mouvemens de l'ame. Il montra que cét homme repréfente bien une perfonne étonnée & furprife d'admiration : l'on voit qu'il a les bras retirez & pofez contre le corps, parce que dans les grandes furprifes tous les membres fe retirent d'ordinaire les uns auprés des autres, lors principalement que l'objet qui nous furprend n'imprime dans nôtre efprit qu'une image qui nous fait admirer ce qui fe paffe, & que l'action ne nous caufe aucune crainte ni aucune fraïeur qui puiffe troubler nos fens, & leur donner fujet de chercher du fecours, & de fe défendre contre ce qui les menace. Auffi l'on voit que ne concevant que de l'admiration pour une chofe fi digne d'être remarquée; il ouvre les yeux autant qu'il le peut, & comme fi en regardant plus fortement il cómprenoit davantage la grandeur de cette action, il employe toutes les puiffances qui fervent au fens de la vuë pour mieux voir ce qu'il ne peut trop eftimer.

Il n'en eft pas de même des autres parties de fon corps, les efprits qui les abandonnent font qu'elles demeurent fans mouvement : Sa bouche eft fermée, comme s'il craignoit qu'il lui échapât quelque chofe de ce qu'il a conçu, & auffi parce qu'il ne trouve pas de parole pour exprimer la beauté de cette action. Et comme dans ce moment le paffage de la refpiration fe trouve fermé, cela rend les parties de l'eftomac plus élevées qu'à l'ordinaire, ce qui pa-

paroît dans quelques muscles qui sont décou-
verts.

Cét homme semble même se retirer un peu
en arriére, pour marquer la surprise que cette
rencontre imprévuë cause dans son esprit, &
pour faire voir le respect qu'il a en même temps
pour la vertu de cette femme qui donne sa mamelle.

Il montra pourquoi cette même femme ne
regarde pas sa mere pendant qu'elle lui rend ce
charitable secours mais qu'elle se panche du
côté de son enfant. Il dit que le desir qu'elle
avoit de les secourir tous deux lui fait faire une
action de double mere. D'un côté elle voit
dans une extréme défaillance celle qui lui a donné le jour, & de l'autre celui qu'elle a mis au
monde lui demande une nourriture qui lui appartient, & qu'elle lui dérobe en la donnant à
un autre. Ainsi le devoir & la picté la pressent
également. C'est pourquoi dans le moment
qu'elle ôte le lait à son enfant, elle lui donne
des larmes, & par ses paroles, & par ses caref-
ses elle tâche de l'appaiser. Comme cét enfant
a de la crainte pour toutes les deux, & qu'il
n'est pas ému de jalousie comme si c'étoit un
autre enfant de son âge qu'on lui préferât, on
voit qu'il se contente de témoigner sa douleur
par des plaintes, & qu'il ne s'emporte point a-
vec excés pour avoir ce qu'on lui ôte.

L'action de cette vieille femme qui embrasse
sa fille, & qui lui met la main sur l'épaule, est
bien une action des vieilles gens qui embraffent
avec force ce qu'ils tiennent, craignant toûjours
qu'il ne leur échape, & qui marque aussi l'amour
& la reconnoissance de cette mere envers sa fille.

Le

Le malade qui se leve à demi pour les regarder sert encore à les faire remarquer. Il est
si surpris qu'il oublie son mal pour voir ce qui
se passe ; car comme la chaleur naturelle agit
davantage où les esprits se portent le plus ; on
voit que toute sa force se trouve dans la partie
supérieure du corps pour considérer la charité
de cette fille.

Dans le vieillard qui est couché derriére ces
deux femmes, & qui regarde en haut en éten-
dant les bras, & dans le jeune homme qui lui
montre le lieu où tombe la Mane ; le Peintre
a voulu figurer deux mouvemens d'esprit trés-
différens. Car le jeune homme rempli de joye
voyant tomber cette nourriture extraordinaire la
montre à ce vieillard, sans penser d'où elle vient.
Mais cét homme plus sage & plus judicieux au
lieu de regarder cette Mane, leve les yeux au
Ciel, & adore la providence divine qui la répand sur la terre.

Comme l'Auteur de cette Peinture est admirable dans la diversité des mouvemens, & qu'il
sçait de quelle sorte il faut donner de la vie à
ses figures : il a fait que toutes leurs diverses
actions & leurs expréssions diférentes ont des
causes particuliéres qui se rapportent à son principal sujet. C'est ce que Mr. le Brun fit fort
bien remarquer dans ces jeunes garçons qui se
poussent pour avoir la Mane qui est à terre.
Car on voit par là l'extréme néceffité où ce
peuple étoit reduit ; & parce qu'il n'y avoit
personne qui ne la ressentît, le Peintre a fait
que ces jeunes gens ne se battent pas comme
s'ils se vouloient du mal, mais seulement que
l'un empêche l'autre d'avoir ce qu'ils voyent
tous

tous deux leur être si néceffaire.

L'on reconnoît un effet de bonté dans cette femme vêtuë de jaune, en ce qu'elle invite ce jeune homme qui tient une corbeille pleine de Mane d'en porter à ce vieillard qui est derriére elle, croyant qu'il a befoin d'être fecouru.

Par cette jeune fille qui regarde en haut , & qui tend le devant de fa robe, il a exprimé la délicateffe & l'humeur dédaigneufe de ce fexe qui croit que toutes chofes lui doivent arriver à fouhait ; c'eft pour cela qu'elle ne prend pas la peine de fe baiffer pour recueuillir la Mane, mais elle la reçoit du Ciel , comme s'il ne la répandoit que pour elle.

Pour varier toutes les actions de fes figures, il a repréfenté un homme qui goute à la Mane ; on voit à fa mine qu'il ne fait que commencer à y tâter , & qu'il cherche quel goût elle a.

Cét homme & cette femme fi attachez à en amaffer font dans une même attitude , parce que l'un & l'autre ont une même intention, & l'on voit par l'empreffement qu'ils ont à recueuillir cette divine rofée, qu'ils font de ceux qui par une prévoyance inutile tâchoient d'en faire une trop grande provifion.

Mr. le Brun fit encore remarquer comme une des belles parties de ce Tableau ce groupe de figures qui paroît devant Moyfe & Aaron, dont les uns à genoux, & les autres dans une pofture humiliée, ont des vafes pleins de Mane, & femblent remercier le Prophete du bien qu'ils viennent de recevoir. Il montra que Moyfe en levant le bras & les yeux en haut , leur enfeigne que c'eft du Ciel qu'ils reçoivent ce fecours;

D

cours ; & qu'Aaron qui fait l'Office de grand
Prêtre en joignant les mains, leur fert d'exemple pour rendre grace à Dieu.

Il fit obferver que les autres figures qui font
derriere Moyfe regardent en haut, & remercient
le Seigneur des biens qu'il répand fur elles. Ce
font les plus anciens & les fages des Ifraëlites
qui ont une connoiffance plus particuliére des
miracles que Dieu opére par l'entremife de fon
Prophete.

Entre les figures qui font proches de Moyfe
& qui l'écoutent, il y a une femme qui par fon
action fait remarquer fa curiofité ; car comme
elle entend dire que c'eft du Ciel que cette nourriture leur eft envoyée, elle regarde en haut,
& pour mieux voir & fe défendre de la trop
grande lumiére qui l'éblouït, elle met fa main
au devant du jour, comme fi de fes yeux elle
vouloit pénétrer jufques dans la fource d'où
fortent ces biens.

Outre toutes ces belles expreffions, il fit
confidérer encore comment Mr. Pouffin a bien
vêtu fes figures ; & c'eft en quoi l'on peut dire qu'il a toûjours excellé. Les habits qu'il
leur donne font des habits effectifs, & qui les
couvrent entierement ; ne faifant pas comme
d'autres Peintres qui les jettent au hazard, ou
qui ne cachent le corps qu'avec des lambeaux
qui n'ont aucune forme de vêtement. Dans
les Tableaux de ce grand Maître, il n'en eft
pas de même ; comme il n'y a point de figure
qui n'ait un corps fous fes habits, il n'y a point
auffi d'habits qui ne foit propre à ce corps, '&
qui ne le couvre bien. Mais il y a encore cela de plus, qu'il ne fait pas feulement des habits

bits pour cacher la nudité , & n'en prend pas de toutes fortes de modes & de tout Païs ; il a trop de foin de la bien-féance , & fçait de quelle forte il faut garder cette partie du *Coftume* , non moins néceffaire dans les Tableaux d'Hiftoires que dans les Poëmes. C'eft pourquoi l'on voit qu'il ne manque point à cela, & qu'il fe fert de vêtemens conformes au Païs & à la qualité des perfonnes qu'il repréfente.

Ainfi il fit remarquer que comme parmi ce peuple, il y en avoit de toutes conditions , & qui avoient plus fatigué les uns que les autres, ces figures ne font pas réguliérement vêtuës d'une femblable maniére. On en voit qui font à demi-nuës, comme celle de ce vieillard qui regarde cette charitable fille qui alaitte fa mere. Il obferva qu'encore que les plis du manteau de ce vieillard foient grands & libres , & qu'il foit d'une groffe étoffe, on ne laiffe pas néanmoins de voir le nud de la figure. Cette efpece de caleçon que les anciens appelloient *Bracca*, qui lui couvre les cuiffes & les jambes, n'eft pas d'une étoffe pareille à celle du manteau, elle fouffre des plis plus petits & plus preffez ; cependant les jambes ne paroiffent point ferrées , & l'on voit toute la beauté de leurs contours.

La condition des perfonnes eft particulierement diftinguée par la beauté des vêtemens dont quelques-uns font enrichis de broderies ; & les autres plus grands & plus amples donnent davantage de majefté aux figures qui en font vêtuës.

Pour ce qui regarde la perfpective du plan

de ce Tableau , Mr. le Brun fit voir qu'elle y
eſt parfaitement obſervée , & que Mr. Pouſſin
ayant repréſenté un lieu rempli de montagnes,
& dont la ſituation eſt tout à fait inégale , il
s'eſt ſervi des terraſſes les plus élevées pour y
placer ſes figures ; ce qui donne plus de jeu &
de variété à la diſpoſition entiere de toutes les
perſonnes qui compoſent ſon Ouvrage. Et
même cela lui a ſervi à faire voir une plus grande multitude de monde dans un petit eſpace,
& à poſer avantageuſement les figures de Moyſe & d'Aaron, qui ſont comme les deux Heros
de ſon ſujet.

Quant à l'épanchement de la lumiére, ayant
repréſenté un air épais & chargé des vapeurs
du matin, il a davantage précipité les diminu-
tions de ſes figures éloignées, & les a affoi-
blies autant par la qualité que par la force des
couleurs, pour faire avancer celles de devant,
& les faire éclater avec plus de vivacité par la
lumiére qu'elles reçoivent avec plus de force au
travers de quelque ouverture de nuée qu'il ſuppoſe être au deſſus d'elles ; ce qu'il autoriſe
aſſez par les autres nuages entr'ouverts qui ſont
dans le Tableau.

Il fit conſiderer dans les effets du jour trois
parties dignes d'être remarquées.

La prémiére, une lumiere ſouveraine qui eſt
celle qui éclate davantage. La ſeconde, une
lumiere gliſſante ſur les objets; & la troiſiéme,
une lumiere perduë, & qui ſe confond par l'é-
paiſſeur de l'air.

C'eſt de la lumiere ſouveraine qu'eſt éclairée l'é-
paule de cét homme qui eſt debout, & qui paroît
ſurpris ; la tête de la femme qui donne ſa ma-
mel-

melle; fa mere qui tette; & le dos de cette autre femme qui fe retourne & qui eft vêtuë de jaune. Il n'y a que le haut de ces figures qui foit illuminé de cette forte clarté, car le bas ne reçoit qu'un jour gliffant, femblable à celui de la figure du malade, de celles du vieillard couché, & du jeune homme qui aide à le relever; & encore de celles de ces deux garçons qui fe battent, & de toutes les autres qui font autour de la femme qui tourne le dos, defquelles la lumiere eft éteinte par l'épaiffeur de l'air à proportion de leur éloignement.

Pour Moyfe & ceux qui l'environnent, on voit qu'ils ne font éclairez que d'une lumiere éteinte par l'interpofition de l'air qui fe trouve dans la diftance qu'il y a entr'eux & les autres qui font fur le devant du Tableau; & qu'ils reçoivent encore moins de jour felon que chaque figure eft plus éloignée, felon fa fituation, & encore felon la couleur de fes vêtemens, les uns étans plus capables que les autres de faire paroître avec plus de force la lumiere qu'ils reçoivent.

Le jaune & le bleu étans les couleurs qui participent le plus de la lumiere & de l'air, Mr. Pouffin a vêtu fes principales figures d'étoffes jaunes & bleuës; & dans toutes les autres draperies, il a toûjours mêlé quelque chofe de ces deux couleurs principales, faifant en forte que le jaune y domine plus qu'aucune autre, à caufe que la lumiere qui eft répanduë dans fon Tableau eft fort jaunâtre.

Aprés que Mr. le Brun eut ceffé de faire toutes ces remarques, chacun les jugea non feulement trés-fçavantes & trés-judicieufes, mais encore trés-utiles pour connoître la beauté de cét Ou-

D 3

vrage,

vrage, & trés-néceſſaires à ceux qui veulent ſe perfeċtionner dans la Peinture.

Il y eut quelqu'un qui dit, qu'il y avoit dans ce Tableau tant de choſes dignes d'être admirées, & qui le rendoient recommandable, qu'on ne pouvoit lui faire aucun tort quelque choſe qu'on cherchât à y reprendre. Qu'auſſi on ne devoit pas croire que ce fût pour en diminuer l'eſtime, s'il s'avançoit de dire, qu'il lui ſembloit que Mr. Pouſſin ayant été ſi exaċt à ne vouloir rien omettre de toutes les circonſtances néceſſaires dans la compoſition d'une hiſtoire ; il n'a pas néanmoins ait dans ce Tableau une Image aſſez reſſemblante à ce qui ſe paſſa au deſert, lors que Dieu y fit tomber la mane; puis qu'il l'a repréſentée comme ſi c'eût été de jour & à la vûe des Iſraëlites, ce qui eſt contre le texte de l'Ecriture, qui porte, (*) qu'ils la trouvoient le matin répanduë aux environs du camp comme une roſée qu'ils alloient ramaſſer. De plus, qu'il trouvoit que cette grande néceſſité & cette extrême miſere qu'il a marquée par cette femme qui eſt contrainte de tetter ſa propre fille, ne convient pas au temps de l'aċtion qu'il figure, puiſque quand la mane tomba dans le deſert, le peuple avoit déja été ſecouru par les cailles, qui avoient été ſuffiſantes pour appaiſer la plus grande famine, & pour les tirer d'une néceſſité auſſi preſſante qu'eſt celle que le Peintre fait voir.

Que pour faire une véritable repréſentation de la recolte que le peuple fit de la mane lors qu'elle

(*) *Exode chap.* 16.

le lui fut envoyée du Ciel, il n'étoit pas nécessaire de peindre des gens dans une si grande langueur, & moins encore de faire tomber cette viande miraculeuse de la même sorte que tombe la neige, puis qu'on la trouvoit tous les matins sur terre comme une rosée.

A cela Mr. le Brun repartit qu'il n'en est pas de la Peinture comme de l'Histoire. Qu'un Historien se fait entendre par un arangement de paroles, & une suite de discours qui forme une image des choses qu'il veut dire, & représente successivement telle action qu'il lui plaît. Mais le Peintre n'ayant qu'un instant dans lequel il doit prendre la chose qu'il veut figurer, pour représenter ce qui s'est passé dans ce moment-là ; il est quelquefois nécessaire qu'il joigne ensemble beaucoup d'incidens qui ayent précedé, afin de faire comprendre le sujet qu'il expose, sans quoi ceux qui verroient son ouvrage ne seroient pas mieux instruits, que si cét Historien au lieu de raconter tout le sujet de son histoire se contentoit d'en dire seulement la fin.

Que c'est pour cela que Mr. Poussin voulant montrer comment la mane fut envoyée aux Israëlites, a crû qu'il ne suffisoit pas de la représenter répanduë à terre, où des hommes & des femmes la recueillent ; mais qu'il faloit pour marquer la grandeur de ce miracle faire voir en même temps l'état où le peuple Juif étoit alors : Qu'il le représente dans un lieu desert, les uns dans une langueur, les autres empressez à recueillir cette nourriture, & d'autres encore à remercier Dieu de ses bien-faits ; ces differens états & ces diverses actions lui tenant lieu de discours &

de paroles pour faire entendre fa penfée : Et
puis que la Peinture n'a point d'autre langage
ni d'autres caracteres que ces fortes d'expreffions, c'eft ce qui l'a obligé de reprélenter cette mane tombant du Ciel, parce qu'il ne peut
autrement faire connoître que c'eft d'où elle vient.
Car fi on ne la voyoit tomber d'enhaut, & que
ces hommes & ces femmes la ramaffaffent feulement à terre, on la pourroit prendre pour une
graine ou pour quelque fruit ; & ainfi cette cir-
conftance par laquelle il marque que c'eft une viande envoyée du Ciel ne paroîtroit point dans fon
Ouvrage.

Qu'il eft vrai que le peuple avoit déja reçû une
nourriture des cailles qui étoient tombées dans
le camp.   Mais comme il ne s'étoit paffé qu'une
nuit, on peut dire qu'elles n'avoient pû donner
fi promptement une fanté parfaite aux plus abatus ; & qu'ainfi il n'eft pas fans apparence que
cette vieille femme qui tette n'eût befoin de ce
charitable fecours.   Car quoi que dés le jour
précedent Dieu eût promis au peuple par fon
Prophete de lui donner de la viande le foir, &
du pain tous les matins ; toutefois comme ce
peuple étoit en grand nombre & répandu dans
une ample étenduë de païs, il n'eft pas hors
d'apparence qu'il n'y en eût plufieurs qui n'euf-
fent pas encore apris la promeffe qui leur avoit
été faite ; ou même que la fçachant & en ayant
déja reffenti les effets le foir d'auparavant, quelques-uns n'ajoûtaffent pas foi aux promeffes de
Moyfe, puis qu'ils étoient naturellement fort
incredules.

Quelqu'un ajoûta à ce que Mr. le Brun venoit
de dire, que fi par les regles du Théatre il eft
permis

permis aux Poëtes de joindre enfemble plufieurs évenemens arrivez en divers temps pour en faire une feule action, pourvû qu'il n'y ait rien qui fe contrarie, & que la vrai femblance y foit exactement obfervée. Il eft encore bien plus jufte que les Peintres prennent cette licence, puis que fans cela leurs Ouvrages demeureroient privez de ce qui en rend la compofition plus admirable, & fait connoître davantage la beauté du genie de leur Auteur. Que dans cette rencontre l'on ne pouvoit pas accufer Mr. Pouffin d'avoir mis dans fon Tableau aucune chofe qui empêche l'unité d'action, & qui ne foit vraifemblable, n'y ayant rien qui ne concoure à repréfenter un même fujet. Quoi qu'il n'ait pas entierement fuivi le texte de l'Ecriture Sainte, l'on ne peut pas dire pour cela qu'il fe foit trop éloigné de la vérité de l'Hiftoire. Car s'il a voulu fuivre celle de Jofeph, l'on voit que cét (*) Auteur rapporte que les Juifs ayans reçû les cailles, Moyfe pria Dieu qu'il leur envoyât encore une autre nourriture ; & que levant les mains en haut, il tomba du Ciel comme des gouttes de rofée qui groffiffoient à vûë d'œil, & que le peuple penfoit être de la neige ; mais en ayans tous goûté, ils connurent que c'étoit une viande qui leur étoit envoyée du Ciel : de forte que les matins ils alloient dans la campagne en prendre leur provifion pour la journée feulement.

Pour ce qui eft d'avoir repréfenté des perfonnes, dont les unes font dans la mifere pendant que les autres reçoivent du foulagement ; C'eft

D 5

en

____

(*) *Antiq. Jud. lib. 3. chap.*

en quoi ce fçavant Peintre a montré qu'il étoit un véritable Poëte, ayant compofé fon Ouvrage dans les regles que l'Art de la Poëfie veut qu'on obferve aux piéces de Théatre. Car pour repréfenter parfaitement l'Hiftoire qu'il traite, il avoit befoin des parties néceffaires à un Poëme, afin de paffer de l'infortune au bonheur. C'eft pourquoi l'on voit que ces groupes de figures quoi font diverfes actions, font comme autant d'Epifodes qui fervent à ce que l'on nomme Peripeties, & de moyens pour faire connoître le changement arrivé aux Ifraëlites quand ils fortent d'une extrême mifere, & qu'ils rentrent dans un état plus heureux. Ainfi leur infortune eft repréfentée par ces perfonnes languiffantes & abatuës ; le changement qui s'en fait eft figuré par la chute de la mane, & leur bonheur fe remarque dans la poffeffion d'une nourriture qu'on leur voit amaffer avec une joye extrême.

De forte que bien loin de trouver à redire à tout ce que Mr. Pouffin à peint dans ce Tableau, on doit plûtôt admirer de quelle maniere il s'eft conduit dans la repréfentation d'un fujet fi grand & fi difficile, où il n'a rien fait qui ne foit autorifé par de bons exemples, & digne d'être imité par tous les Peintres qui viendront aprés lui.

Ce fut le fentiment de toute l'Academie, qui pria Mr. Bourdon de vouloir choifir un fujet pour le Samedi du mois prochain.

S E P-

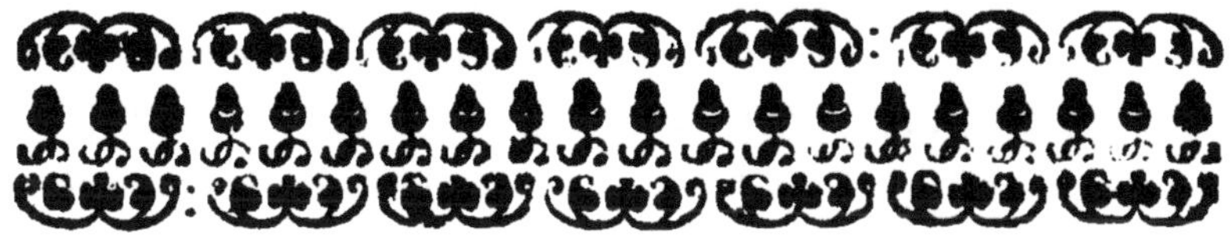

SEPTIEME
CONFERENCE

Tenuë dans

L'ACADEMIE ROYALE.

Le Samedi 3. *Decembre* 1667.

LE Tableau qui fut porté à l'Academie pour être examiné par Mr. Bourdon eſt encore de la main de Mr. Pouſſin, & d'une grandeur pareille à celui de la Mane, dont l'on fit des remarques dans la derniere Aſſemblée ; Mais il eſt auſſi different de celui-ci dans ſon Ordonnance que dans le ſujet qu'il traite. Celui de la Mane repréſente un lieu aride & deſert, une lumiere ſombre & mélancolique, des perſonnes triſtes & languiſſantes ; & enfin c'eſt la vraye image d'une terre inculte, où les enfans d'Iſraël ſont dans une extrême miſere. Tout au contraire, dans celui dont je veux parler, le jour y eſt clair & ſerain, l'on y découvre un païs divertiſſant & des objets agréables, & l'on n'y voit guere de figures qui ne paroiſſent avec la joye ſur le viſage.

D 6

Le

Le Soleil n'étant pas encore fort élevé fur l'ho-
rifon, les rochers & les bâtimens jettent de
grandes ombres ; & les arbres & le pied des
montagnes paroiffent encore chargez de cette
fraîche vapeur qui s'éleve les matins comme une
legere fumée.

D'un côté de ce Tableau il y a une montagne
dont la cime eft efcarpée, mais cependant trés-
agréable à caufe des fuperbes édifices & des arbres verdoyans dont elle eft embellie.

Sur le penchant de cette montagne, & fur les
diverfes éminences qui s'abaiffent à mefure qu'elles s'approchent, l'on voit quantité de maifons &
de Palais, dont la ftructure n'eft pas moins riche que leur fituation eft avantageufe, étans accompagnez de terraffes & de jardins qui rendent
leur afpect encore plus agréable. Ces bâtimens
font environnez d'un courant d'eau qui baigne
le pied de quelques arbres, & femble venir du
côté des montagnes.

L'on voit fur le devant du Tableau plufieurs
figures dont la principale repréfente Jefus-Chrift
qui a devant lui deux aveugles à genoux. Le plus
proche eft vêtu de bleu, & l'autre d'une couleur
de laque fort claire. Ce dernier aveugle eft conduit par un homme vêtu de jaune, & entre la figure du Chrift & le premier aveugle, il y a un vieillard vêtu d'une robe tirant fur le vert & d'un manteau gris brun, lequel fe baiffe & regarde de fort
prés les yeux de l'aveugle fur lefquels Jefus-
Chrift a la main.

A côté de ce vieillard on voit un homme qui
reffemble affez à un Pharifien ; fa barbe eft fort
longue, fon habit eft d'une belle laque, & fa
coeffure eft faite en forme de turban. Il y a auprés

prés de lui un autre homme vêtu d'une robe
bleuë, & d'un manteau jaune qui regarde par-
deſſus le vieillard qui eſt courbé. La robe du
Chriſt eſt d'un blanc jaunâtre, & ſon manteau
eſt de pourpre. Il eſt accompagné de trois de ſes
Diſciples. Celui qui en eſt le plus proche, &
qui tourne le dos, eſt couvert d'un grand manteau jaune ; l'on voit ſeulement au droit d'une
épaule la couleur de ſa robe qui eſt d'un gris-
de-lin fort éteint. Des deux autres l'un eſt
vêtu de rouge, & le dernier eſt habillé de
bleu.

Aſſez loin d'eux & tirant vers la campagne,
il y a un homme aſſis qui a la mine d'un pau-
vre mendiant ; & de l'autre côté où paroît
comme l'entrée d'une Ville, on voit une femme vêtuë de vert tenant un enfant entre ſes
bras, laquelle ſe détourne pour regarder ce qui
ſe paſſe.

Mr. Bourdon voyant la Compagnie dans l'at-
tente des remarques qu'il devoit faire ſur cét
Ouvrage, commença ſon diſcours par un élo-
ge qu'il fit du merite de Mr. Pouſſin & de ſes
Tableaux ; Et aprés avoir montré combien il
lui étoit difficile d'expliquer aſſez dignement ſix
parties principales qu'il a remarquées dans celui-
ci, qui ſont la lumiere, la compoſition, la
proportion, l'expreſſion, les couleurs, & l'harmonie du tout enſemble ; il dit qu'il tâcheroit
d'imiter les abeilles, qui trouvant un parterre
émaillé d'une infinité de fleurs, en choiſiſſent
quelques-unes ſur leſquelles elles prennent plaiſir d'amaſſer le miel. Qu'ainſi il ne s'arrêteroit
que ſur quelques endroits des plus conſiderables
de cét Ouvrage, dont il croit tirer plus de

D 7

fruit;

fruit ; car quoi qu'il n'y ait rien qui ne merite
d'être examiné , il ne peut pas entrer dans un
détail si exact à caufe du peu de temps qu'il a à
parler.

Que comme c'eft la lumiere qui découvre
tous les objets , & qui nous donne moyen de
les confiderer ; c'eft par elle auffi qu'il juge à
propos de commencer à faire ces remarques,
ne trouvant rien dans ce Tableau qui d'abord
furprenne davantage les yeux que ces beaux
effets du jour que le Peintre a fi doctement re-
préfentez.

Qu'il a voulu figurer un matin , parce qu'il y
a quelque apparence que Dieu choifit cette heure là comme la plus belle , & celle où les objets
femblent plus gracieux , afin que ces nouveaux
illuminez reçuffent davantage de plaifir , en
ouvrant les yeux ; & que ce miracle fût plus ma-
uifefte & plus évident.

Il fit donc premierement remarquer combien la qualité du jour que le Peintre a fi bien
repréfentée, donne d'éclat à tout fon Ouvrage.
Car comme le Soleil doit être encore fort bas,
puis que fes rayons ne frapent quafi qu'en ligne
paralelle les montagnes & les autres corps qui
lui font expofez, on voit que le milieu du Tableau eft couvert d'une grande ombre à caufe
des bâtimens qui font élevez fur diverfes hauteurs : de forte que tout ce qui fert de fond
aux figures étant privé de la lumiere , elles paroiffent avec beaucoup plus de relief , de force
& de beauté. Et comme fur les lieux qui paroiffent les plus éminents , le jour y frape en
diverfes manieres , & qu'il éclaire certaines parties de la montagne, des arbres , & de plufieurs
Palais ,

Palais, les yeux font d'autant plus agréablement touchez que ces échapées de lumiére font
un contrafte merveilleux avec les ombres, & les
demi teinte qui fe rencontrent dans tous ces diférens objets. Car parmi cette diverfité de maifons, & fur la montagne même il y a des arbres qui n'étans éclairez des rayons du Soleil
que par la cime & fur les extrêmitez, confervent encore un air épais qui donne à ces lieux-
là une grande fraicheur, & y répand une couleur douce qui unit tendrement toutes les autres enfemble.

Mais ce qu'il fit obferver eft, qu'encore que
les bâtimens les plus éclairez foient directement
au deffus de la tête du Chrift, toutefois ils ne
diminuent rien de fa force & de fa lumiére,
parce que ces édifices font fort éloignez, &
que leur jour fe trouve affoibli & éteint par l'interpofition de l'air. Ce qui produit même dans
tout cét Ouvrage un effet d'autant plus admirable qu'on voit qu'une clarté eft relevée par une
autre, étant bien plus difficile de faire paroître
les jours par d'autres jours que par des ombres.

Ces grandes ombres qui couvrent les bâtimens les plus proches ne fervent pas fimplement à relever le jour qui frape le haut des
montagnes, & à faire un fond aux figures,
mais elles empêchent qu'on ne voye une trop
grande diverfité de couleurs & de lumiéres dans
toutes ces maifons, qui paroîtroient trop diftin-
ctement fi elles étoient éclairées, ce qui n'arrive pas, étant ombrées de la forte. Car quoi
que toutes les parties confervent leurs veritables teintes, néanmoins l'ombre qui paffe par

deffus

deſſus eſt comme un voile qui en éteint la vivacité, & qui empêche qu'elles n'ayent aſſez de
force pour venir remplir la vuë, & la détourner des objets les plus conſidérables, ſur leſ-
quels ſeuls le Peintre veut qu'elle s'arrête. Mais
en récompenſe dans tous les endroits où il a remarqué que la couleur naturelle de chaque
corps ne pouvoit nuire à la beauté de ſes figures, il n'a pas manqué d'y répandre de la lumiére; & pour la faire paroître avec plus d'é-
clat, on voit qu'il en a été avare, & qu'il n'en
a mis que peu à la fois, & en certains lieux où
elle brille davantage, étant oppoſée à des corps
qui en ſont privez.

Quant à celle dont ſes figures ſont éclairées,
c'eſt où il a fait voir combien il étoit ingenieux
dans la diſtribution des jours & des ombres, &
comment il ſçavoit parfaitement augmenter par
leur moyen la force, la beauté & la grace de
tous les corps qu'il repréſentoit. Il ſuppoſe
que Jeſus-Chriſt & ceux qui l'accompagnent
ſont dans une place découverte de tous côtez,
où il ne ſe trouve aucun obſtacle qui les prive
des rayons du Soleil, de ſorte qu'ils en ſont
fortement éclairez. Mais cette force de lumiére eſt ſi judicieuſement diſtribuée, qu'encore
qu'elle ſe répande également ſur tous ; ce ſçavant Peintre néanmoins a ſi bien ſçu l'affoiblir
à meſure que chaque corps s'éloigne, qu'il n'y
en a point où elle ne diminuë autant qu'il eſt
néceſſaire pour bien faire connoître quel eſt ſon
éloignement.

Il fit encore voir comment pour donner plus
de rondeur à ces mêmes corps & tromper la
vuë avec plus d'adreſſe, Mr. Pouſſin a ménagé

la

la force des ombres, & de quelle forte il s'eſt
fervi des demi teintes & des reflects de lumiére,
ſans qu'il paroiſſe trop d'affectation dans ſa conduite.   Car ces figures ſont dans une poſture ſi
libre, que toute la diſpoſition en eſt aiſée , &
les lumiéres trés-naturelles.   Et quoi que le Soleil frape avec beaucoup de force les parties
qu'il éclaire, l'on ne voit pas pourtant qu'il y
ait des reflects de lumiére qui faſſent de mauvais
effets; parce que toutes les figures ſont placées
de telle ſorte, que les couleurs ne peuvent ſe
refléchir les unes contre les autres.

Le premier aveugle qui apparemment pourroit recevoir un refléchiſſement de lumiere trés-
conſidérable, à cauſe de la robe du Chriſt qui
eſt fort éclairée , n'en eſt pourtant pas trop illuminé ; car le Peintre a eû la diſcretion de le
mettre dans une certaine diſpoſition qui ne peut
recevoir une ſeconde clarté trop ſenſible ; &
l'on voit que les reflects qui ſe rencontrent
dans toutes les figures viennent ſeulement de la
lumiere univerſelle dont tous les objets qui les
environnent ſont illuminez, laquelle leur donne des teintes bien plus douces & plus naturelles que quand elles ſont cauſées par des couleurs
fortes & vives qui en ſont proche.   Cependant
on ne laiſſe pas d'appercevoir quelques parties
éclairées de reflects aſſez forts, mais ce ſont des
parties qui ſemblent demander ce ſecours particulier, parce qu'elles en tirent beaucoup de grace & de beauté , comme l'on peut remarquer
dans la main avec laquelle Jeſus-Chriſt ſoûtient
ſon manteau.

Mr. Bourdon fit encore obſerver que les lumiéres & les ombres ne ſont pas répanduës par
petits

petits morceaux, mais largement, comme l'on voit fur le manteau jaune d'un des Apôtres. Ce n'eft pas que dans les jours & les ombres de tous les vêtemens il n'y ait autant de plis qu'il eft néceffaire, mais ces plis font formez dans les ombres & dans les jours avec les mêmes couleurs, c'eft-à-dire, qu'ils ne font que rompus par des demi teintes & des affoibliffemens d'éclats, de lumiéres & de force d'ombres.

Aprés cela Mr. Bourdon vint à parler de la compofition de tout le Tableau. Il dit que c'eft de Mr. Pouffin que ceux qui entreprennent de traiter un fujet, peuvent apprendre de quelle forte il faut étudier d'abord la nature du lieu, & les autres circonftances néceffaires à l'hiftoire qu'on veut repréfenter. Qu'on voit ici qu'il a été foigneux de s'inftruire du Païs & de la fituation de Jerico, à caufe que ce fut au fortir de cette Ville que Jefus-Chrift donna la vuë aux deux aveugles dont il figure le miracle. Qu'il s'eft heureufement fervi de ce que Jofeph en écrit, qui parle de cette contrée comme du plus beau & du meilleur Païs du monde ; & qui attribuë la fécondité de fon terroir à la vertu d'une fontaine qui eft proche de la Ville, dont les eaux humeétant les terres d'alentour, les rendent graffes, fertiles & chargées de toutes fortes de bons arbres. Que c'eft pour cela qu'on voit ces Palais & ces Maifons de plaifance au bord de ce large ruiffeau, parce que c'eft ordinairement dans de pareils endroits que les grands Seigneurs prennent plaifir à bâtir ; & qu'ainfi en repréfentant la beauté de ce Païs, il a trouvé le moyen de fatisfaire davantage la vuë par les objets divertiffans dont il a

rem-

rempli fon Tableau, fans rien faire néanmoins dont le trop grand éclat ébloüiffe les yeux , & les détourne de deffus les figures qui en font le principal objet.

Il ajoûta que dans ces figures , outre leur belle difpofition, l'on y doit encore remarquer le trait & la proportion, qui font deux parties dépendantes du deffein ; mais que l'on peut confidérer conjointement. Qu'étans vêtuës il eft malaifé de faire obferver toutes leurs largeurs pour bien voir le rapport qu'elles ont avec les hauteurs. Qu'il fe contenteroit donc de dire que la hauteur du Chrift eft de huit mefures de tête, qui eft la proportion que les anciens Sculpteurs Grecs & Romains ont gardée dans toutes leurs ftatuës comme la plus parfaite. Qu'il la croyoit voir auffi dans les Apôtres , quoi que leurs habits larges & amples les faffent paroître un peu plus courts, ce qui eft même affez convenable à leur naiffance & à leur condition ruftique.

Qu'une des plus belles figures de ce Tableau eft à fon avis celle du dernier aveugle. Que fa proportion femble avoir été prife fur cette belle ftatuë antique du Gladiateur bleffé que l'on voit à Rome dans le Palais Farnefe. Car bien qu'il y ait quelque chofe dans les membres de cette ftatuë qui n'approche pas de la beauté ni de la délicateffe de quelques autres qui font encore plus recommandables, toutes les parties néanmoins en font fi juftes & fi bien marquées, que parmi les fçavans elles ont toûjours été en trésgrande eftime.

Que dans l'autre aveugle , il y voit quelque chofe des mefures de l'Apollon antique , mais veri-

veritablement un peu moins de grace & de nobleſſe , parce que le Peintre en a augmenté les
largeurs & les groſſeurs pour mieux marquer la
baſſeſſe de celui qu'il a voulu peindre.

Qu'il appercevoit auſſi quelque reſſemblance
de la Venus de Medicis dans cette femme qui
ſe retourne. Mais que n'ayant pas aſſez de
temps pour examiner plus particuliérement toutes les proportions de ces figures, il prioit ſeulement qu'on remarquât bien les vêtemens qui
les cachent, puis qu'ils ſont ſi beaux & ſi bien
mis qu'on peut en faire une étude trés-utile.
Que l'Apôtre qui eſt ſur le devant, & qui a un
manteau jaune, eſt fait dans la même intention
& ſur les maximes de Raphaël, qui vêtoit d'ordinaire ſes premiéres figures d'habits amples &
grands, laiſſant les petits morceaux & les draperies les plus legeres pour celles qui ſont éloignées; Obſervations trés-importantes aux jeunes Etudians.

Quant à l'expreſſion, bien qu'elle ſoit admirable dans toutes les figures, Mr. Bourdon dit
qu'il ne s'arrêteroit qu'à celle du Chriſt, parce
qu'elle étoit ſi merveilleuſe qu'il n'en pouvoit
détourner ſes yeux pour conſidérer les autres.

Qu'on ne pouvoit aſſez admirer cette grandeur, cette nobleſſe, & cette Majeſté toute divine que le Peintre a ſi bien repréſentée. Qu'on
y découvre cette autorité, avec laquelle Jeſus-
Chriſt agiſſoit lors qu'il faiſoit ſes miracles. Que
ſa puiſſance paroît dans ſon port & dans ſon action, & qu'enfin l'on appercevoit ſur ſon viſage
une bonté & une douceur qui ne charme pas moins
l'eſprit que les yeux.

II

Il fit remarquer comment les Apôtres font attentifs à regarder ce qui fe paffe ; comment les aveugles expriment bien tous deux la grandeur de leur foy, par la conformité de leurs actions ; & comment encore ce Vieillard vêtu de rouge , & celui qui fe baiffe , font voir par leurs geftes l'étonnement où ils fe trouvent, & le défir que cette nation incrédule avoit de voir des miracles.

Les couleurs dont le Chrift eft vêtu ne font pas des couleurs que le Peintre ait employées & mifes les unes auprés des autres fans un grand raifonnement. Comme le jaune & le blanc participent le plus de la lumiére, Mr. Bourdon fit connoître que c'eft pour cela que Mr. Pouffin en a fait la robe du Chrift, parce que ce font des couleurs douces auprés de la carnation , & qui pourtant font des plus vives & des plus apparentes. Son manteau qui eft de pourpre reléve beaucoup l'éclat de fa robe, & s'unit tendrement avec elle ; car cette couleur compofée de rouge & de bleu tient de la lumiére & de l'air. Ainfi ces habits étans de couleurs trés-lumineufes & toutes céleftes , ils conviennent parfaitement à celui qui les porte, comme le plus digne & le principal objet de tout le Tableau.

Quoi que le manteau jaune du premier Apôtre foit trés-vif, il ne détruit point néanmoins la couleur de celui du Chrift , mais il s'accorde parfaitement avec elle, & encore avec les draperies bleuës & rouges des deux autres Difciples.

Il fit voir que Mr. Pouffin a éteint & fali en quelque forte la couleur de laque dont il a vê-

tu

tu les aveugles, afin que ces habits moins écla-
tans & plus conformes à leur condition fiſſent
paroître davantage les autres

Auſſi c'eſt de cette diſpoſition de couleurs
que s'engendre cette merveilleuſe harmonie qui
fait la beauté de ce Tableau, & Mr. Bourdon
montra comment le Peintre y a ſi bien réüſſi,
que toutes les figures s'uniſſent tendrement a-
vec les corps qui leur ſervent de fond, comme
il fit voir dans l'Apôtre vêtu de bleu, & dans
la femme qui a une robe verte, dont les draperies ſe joignent avec beaucoup de douceur contre les arbres & les terraſſes. Et bien que toutes les couleurs qu'il a employées ſoient fort
vives, elles ſont ſi bien diſpoſées qu'il y a entr'elles un accord merveilleux, ayant répandu
ſur toutes une teinte univerſelle de la lumiere
dont l'air eſt éclairé, laquelle leur donne cette
union & cette grace qui les rend ſi agréables &
ſi douces à la vuë.

Comme Mr. Bourdon eut ceſſé de parler,
une perſonne de la Compagnie dit, que l'on
ne pouvoit pas nier que toutes les beautez qu'il
venoit de remarquer dans ce Tableau n'y fuſ-
ſent en effet: Mais néanmoins que Mr. Pouſſin ayant entrepris de traiter un ſujet auſſi conſiderable que celui de la gueriſon des aveugles,
auſquels Jeſus-Chriſt donna la vuë auprés de
Jerico, il lui ſembloit ne l'avoir pas exprimé a-
vec toute la grandeur & toutes les circonſtances
qui doivent l'accompagner. Puiſque ce miracle s'étant fait en préſence d'une infinité de peuple qui ſuivoit Jeſus-Chriſt, il n'a peint que
trois Apôtres, les deux aveugles, quatre autres
figures, & une femme qui même n'eſt pas trop

ap-

appliquée à ce qui se passe, & dont l'action paroît trop indiférente pour une occasion où elle devroit être dans une admiration & une surprise extraordinaire. Qu'un si petit nombre de figures ne remplit pas la composition de son Ouvrage autant que le sujet l'oblige : Ce qui est néanmoins tout à fait essentiel & nécessaire pour faire connoître que ces deux aveugles sont ceux qui furent gueris au sortir de Jerico.

Une autre personne repartit à cela, que pour ce qui regarde la figure de la femme, il est vrai que Mr. Poussin pouvoit lui donner quelque expression plus forte ; quoi qu'on puisse dire qu'étant éloignée, elle ne voit pas bien ce qui se passe.

Mais quand à un plus grand nombre de figures que celles qui sont dans cét Ouvrage, c'est à quoi il n'étoit point obligé, parce qu'il a pû supposer que la multitude des gens qui suivent Jesus-Christ n'est pas autour de lui, & qu'étant éloignée de quelques pas, elle est cachée des bâtimens. Qu'il y en a assez pour être témoins de cette action, puisque par cette figure vêtuë de rouge qui paroît surprise, le Peintre a représenté l'étonnement du peuple Juif, & par celui qui regarde de si prés, il figure le desir que cette nation avoit de voir faire des miracles.

Qu'une plus grande quantité de figures n'eût causé que de l'embaras, & empêché que celles du Christ & des aveugles n'eussent pas été vuës si distinctement.

Mais qu'outre toutes ces raisons, il falloit considérer que Mr. Poussin n'ayant eû d'autre intention que de représenter Jesus-Christ qui guérit deux aveugles ; il suffit de bien exprimer la grandeur de ce miracle, toutes les autres choses qu'il a omises n'étant que des accessoires de nulle importance, & qui ne servant de rien à l'accomplissement de cette guerison, pouvoient cependant causer de la confusion, & gâter la beauté de l'Ordonnance.

Qu'il est certain que dans une disposition de Tableau, plus il y a de figures, & plus les yeux de ceux qui le regardent trouvent d'objets qui les arrêtent. Que le Peintre voulant fixer entiérement la vuë des spectateurs sur le Christ pour faire observer son action; il lui a été plus avantageux de le représenter accompagné de peu de monde, afin que ceux qu'il a peint autour de lui étans attentifs à le considérer, contribuassent en quelque sorte à faire que ceux qui verront cét Ouvrage le soient de même, sans se trouver distraits par d'autres mouvemens & par d'autres expressions, qu'il auroit été obligé de faire dans la composition d'un plus grand nombre de figures.

Qu'il faloit donc admirer Monsieur Poussin d'avoir si bien représenté cette Histoire, qu'il n'y a rien qui ne convienne trés parfaitement à son sujet, non seulement dans les actions des figures, mais même dans la disposition du lieu, dans les jours, & dans les ombres.

* Que l'on connoît assez que cette guérison des aveugles est celle dont Saint Mathieu fait mention au chapitre 20. puis que l'on voit ces beaux bâtimens de Jerico, & même cette fontaine dont il est parlé dans

l'Ecril'Ecriture Sainte. Mais que ce qui est de plus rare & de plus merveilleux dans cét Ouvrage, c'est que Jesus Christ allant donner la lumiére à ces deux aveugles, & répandre la joye dans leur ame; on voit que le Peintre a aussi répandu dans son Tableau un certain caractere d'allegresse, & une beauté de jour qui fait une expression générale de ce qu'il veut figurer par son action particuliére; & cette joye qu'il communique si bien à toutes ses figures est la cause de celle qu'on reçoit en les voyant.

Que c'est une remarque digne de considération, & que l'on doit faire dans tous les Ouvrages de Monsieur Poussin, qu'il y donne tellement ce caractére général de ce qu'il veut figurer en particulier, que quand il entreprend de traiter un sujet triste & douloureux, il n'est pas jusqu'aux choses insensibles qui ne semblent ressentir de la douleur & de la tristesse; Et s'il représente de la fureur & de la colére, on diroit que le Ciel menace la terre, & qu'il y a dans l'air une émotion semblable à celle qu'il imprime sur le visage de ses figures.

Ces aveugles que d'autres Peintres auroient cru devoir rendre difformes & contrefaits pour mieux faire paroître leur misere & leur mendicité, n'ont rien de laid ni de fâcheux à voir, & cependant ils ne laissent pas d'avoir des marques assez évidentes de leur pauvreté : Et c'est en quoi ce grand Peintre a été merveilleux d'avoir toûjours si

E

bien

bien difpofé fes figures & fait un fi beau choix de tout ce qui entre dans la compofition de fes Ouvrages, que l'on n'y voit rien qui ne foit d'une beauté finguliere & dans des afpects trés-agréables.

L'action de ces aveugles n'eft qu'une même action, parce qu'ils ont tous deux une même fin, & cherchent une même chofe qui eft le recouvrement de la vuë. Comme ils n'ont qu'une même penfée les nerfs qui viennent du cerveau, & qui fervent au mouvement de la tête font qu'ils agiffent tous deux d'une femblable maniére. Car les mufcles faifant en l'un & en l'autre de pareilles extenfions font caufe que leur front, leur nez, & leurs jouës s'allongent & fe retirent d'une même forte ; de façon qu'on diroit d'abord qu'ils fe reffemblent, & que ces deux vifages quoi que trés-diférens font faits fur un même modelle.

Cette perfonne ayant fini fon difcours, il y en eut une autre qui dit, que comme la Peinture a divers objets, elle a auffi diverfes fins dans les chofes qu'elle fe propofe de repréfenter. Qu'il y a des rencontres où fon but principal eft de recréer, d'autres où elle veut inftruire, & d'autres encore où elle prétend inftruire & réjouïr tout enfemble. Que dans ces diférentes intentions le Peintre en a encore une toute particuliére qui regarde fon Art, & qui confifte à figurer quelque forte de fujet que ce foit, de telle maniere qu'il n'y ait rien dans tout fon Ouvrage qui ne contribuë à

faire

faire voir une grandeur & une facilité dans l'odronnance & la difpofition des figures ; une beauté & une force dans la proportion & les parties du deffein ; & une conduite judicieufe dans l'arangement des couleurs, & la difpenfation des lumieres. Qu'il dépend de l'excellence de fon genie & de fa grande capacité de bien executer ces parties dont il eft abfolument le Maître, & qui appartiennent généralement à tous les Ouvrages de Peinture. Mais que quand il s'agit d'expofer une hiftoire aux yeux de tout le monde, il y a des circonftances, qu'un Peintre ne peut changer fans fe mettre au hazard qu'on y trouve à redire, principalement dans celles où il doit paroître le fidele Hiftorien de quelque évenement qui s'eft paffé de nos jours ou dans les temps les plus éloignez. Mais fur tout dans ce qui regarde les myfteres de nôtre Religion, & les miracles de Jefus-Chrift, il doit conferver toute la fidelité poffible, & jamais ne s'écarter de ce qui paffe pour conftant, & qui eft déja connu de beaucoup de monde. Car en cette rencontre entreprenant d'enfeigner par les traits de fon pinceau ce qu'un Hiftorien rapporte dans fes écrits, il ne doit rien ajoûter ni diminuer à ce que l'Ecriture nous oblige de croire, mais plûtôt marquer autant qu'il le peut toutes les circonftances de fon fujet.

De forte qu'encore que Monfieur Pouffin n'ait rien changé de ce qui regarde l'action

E 2

par-

particuliére de Jefus-Chrift qui guérit ces deux aveugles ; l'on ne peut pas dire néanmoins que fon Ouvrage ne fût plus parfait, s'il eût repréfenté tout ce qui peut fervir à faire connoître davantage de quelle façon ce miracle arriva. Comme de voir la multitude du peuple qui fuivoit Jefus-Chrift, l'empreffement des aveugles parmi cette foule de gens dont quelques-uns les empêchoient d'approcher, ainfi qu'il eft expreffément marqué dans l'Evangile.

Qu'il femble que Dieu ayant voulu faire ce miracle à la vuë d'un grand nombre de Juifs, afin qu'en donnant la lumiére à ces aveugles, cela fervît en même temps à éclairer ce peuple enfeveli dans les ténébres du peché, il ne permit auffi que ces aveugles le fuiviffent fi long temps, & redoublaffent leurs cris, jufques à fe rendre importuns à toute la multitude, que pour rendre leur guérifon plus publique, & la faire éclater davantage ; Particularitez affez dignes de remarque, & trés-effencielles dans la repréfentation de ce miracle pour le diftinguer des autres.

Que Monfieur Pouffin étoit affez fçavant dans la difpofition d'un Ouvrage, pour ne pas cacher les figures principales de fon Tableau parmi une plus grande quantité de perfonnes qu'il auroit repréfentées, n'étant pas difficile à cét excellent homme de faire en forte qu'il parût beaucoup de monde à la fuite du Meffie fans gâter fon fujet, dont la multitude même doit faire partie auffi bien que dans

celui

celui de la Mane, qu'il a si dignement traité.

Maïs aussi qu'il regardoit ce Tableau d'une autre façon, & ne trouvoit pas que Monsieur Poussin fût coupable de ces manquemens qu'on lui pourroit attribuer, parce qu'il ne juge pas qu'il ait voulu représenter ici le miracle arrivé auprés de Jerico, mais bien celui dont il est parlé dans Saint Mathieu au chapitre IX. lors que Jesus-Christ aprés avoir ressuscité la fille du Prince de la Synagogue, & s'en retournant fut suivi par deux aveugles ausquels il ne donna la vuë que quand il fut arrivé chez lui.

Sur cela Monsieur Bourdon interrompant celui qui parloit, dit qu'il n'y a nulle apparence qu'on ait voulu représenter ici les aveugles que l'Evangeliste nomme les prémiers, puis qu'ils furent guéris dans la maison même où logeoit Jesus-Christ, & que ceux qui sont peints dans ce Tableau sont au milieu du chemin. De plus que la Ville de Jerico est si bien figurée par la beauté des bâtimens qu'on voit dans ce Tableau, & par les eaux de cette signalée fontaine qui paroît au pied des maisons, qu'il n'y a pas lieu de douter que ce ne soit le même miracle qui arriva dans ce Païs-là dont l'on ait eû dessein de faire une fidele représentation.

Qu'outre cela quand nôtre Seigneur fit le prémier miracle il n'y avoit aucuns témoins, ayant même défendu à ces aveugles d'en parler à personne.

E 3

Ce-

Celui qui étoit de l'avis contraire repartit, que fi le texte de l'Ecriture porte que Jefus - Chrift les guérit lors qu'il fut arrivé à la maifon ; ce n'eft pas déterminer abfolument que ce fût dans une chambre, ni même dans la cour, mais feulement lors qu'il fut arrivé chez lui ; car c'eft une maniére de parler affez ordinaire de dire qu'une perfonne en reconduit une autre jufques chez lui & à fa maifon, bien qu'il ne paffe pas la porte: Et même dans le texte felon la Vulgate, il y a *cum veniffet domum*, au lieu qu'un peu auparavant lors qu'il eft dit que nôtre Seigneur fut reffufciter la fille du Prince de la Synagogue le même texte porte, *cum veniffet in domum*. 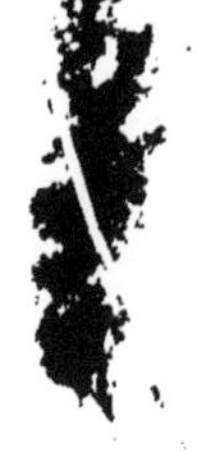 De forte que fi l'on veut permettre au Peintre de fe fervir favorablement de ces deux diférentes expreffions, il a pû croire que dans l'une l'Evangelifte a voulu marquer que Jefus - Chrift entra dans la maifon pour reffufciter cette fille, parce qu'elle étoit en effet dans une chambre, mais que dans l'autre paffage, où il fe contente de dire *cum veniffet domum*, cela fignifie feulement que ces aveugles ayant fuivi nôtre Seigneur le long du chemin il ne s'arrêta pour les guérir que quand il fut arrivé auprés de fon logis.

Pour ce qui eft d'avoir fait ce miracle en fecret, & que même Jefus - Chrift ne vouloit pas qu'il fût fçu ; l'Evangile ne dit point qu'il n'y eût perfonne, & ce n'eft pas l'avoir repréfenté trop publiquement que d'y admettre outre les trois Difciples quatre autres

per-

perſonnes qui peuvent être , ou de ceux qui accompagnoient ces aveugles , comme l'on voit qu'il y en a un qui conduit le dernier , ou bien des paſſans & des gens du voiſinage. Mais ſuppoſé que ce miracle ait été fait dans le logis , & que l'on ne veuille point avoir égard à ces diverſes phraſes de l'Ecriture , la faute ſeroit beaucoup moins conſidérable d'être repréſenté dans la ruë & prés de la maiſon où logeoit nôtre Seigneur, que de voir qu'une action faite à la vuë d'une infinité de perſonnes fût peinte dans un lieu à l'écart & preſque ſans témoins. Quand à cette femme vêtuë de vert on ne doit point trouver à redire qu'elle ne ſoit pas fort ſurpriſe étant aſſez éloignée , comme on a déja dit , pour ignorer ce qui ſe paſſoit; Et puis nôtre Seigneur ne faiſant que poſer les mains ſur le prémier aveugle , & le miracle n'étant pas encore fait , de quoi ſeroit elle étonnée ? Mais de plus , il faut penſer que ce miracle ſe faiſant à Capharnaum où Jeſus - Chriſt demeuroit d'ordinaire , & où le peuple étoit ſi endurci dans l'erreur qu'il ne conſidéroit point toutes les merveilles que le Seigneur opéroit journellement à ſes yeux , & ne changeoit pas de vie, quoi qu'il les prêchât ſouvent , & leur fit les horribles menaces que l'on voit dans l'Ecriture.

Pour ce qui regarde la Ville de Jerico qu'on prétend être repréſentée dans ce Tableau , il dit , qu'il n'y a aucunes marques par leſquelles on puiſſe preſumer que ce ſoit plûtôt Jerico que Capharnaum. Qu'il eſt vrai

que

que Jerico au rapport de Joseph étoit une Ville bien bâtie & dans une situation agréable. Que cette fontaine dont Elisée changea la malignité des eaux, & les rendit salutaires & benignes, en arrosoit les environs, & contribuoit à la fertilité du Païs; mais Joseph, tous les Geographes anciens, & nos voyageurs modernes ne parlent point que sur la montagne qui est proche du lieu où la Ville de Jerico étoit bâtie, il y eût ni des édifices, ni des arbres : Au contraire, ils conviennent tous que cette Ville étoit au milieu d'une plaine, environnée de montagnes qui forment comme un Amphitheatre; qu'il n'y a que le pied des montagnes qui soit orné de quelque verdure, que du reste elles sont steriles, seches, & inhabitées dans toute leur étenduë, particuliérement celle qui est la plus proche de Jerico, qu'on appelle le Mont de la Quarantaine, laquelle est un rocher extrémement haut, escarpé, & presque inaccessible. Ce fut là que nôtre Seigneur se retira aprés son Baptême, jeûna quarante jours & quarante nuits, & fut tenté du diable; & c'est d'elle apparemment dont parle Joseph, (a) lors qu'il dit que Jerico est assise dans une plaine assez prés d'une montagne qui est toute découverte, sterile & fort longue, qui est rude, qui ne produit rien, & qui n'est point habitée. L'eau qui est représentée dans ce Tableau, & qu'on dit être la fontaine d'Elisée, n'en pourroit être qu'un des ruisseaux: car cette source jette un gros bouïllon qui ne se

voit

______

(a) *Histoire des Juifs, livre 5. chap. 4.*

voit point ici, quoi qu'il fût affez confidérable
pour le faire remarquer.

Mais fi Monfieur Pouffin avoit voulu repréfenter Jerico, il auroit fait paroître des marques
plus fignificatives & plus finguliéres que celles
que l'on voit qui peuvent être communes à plufieurs autres lieux. Comme cette Ville eft
nommée la Ville des Palmiers en plufieurs endroits de l'Ecriture(*) à caufe de la grande quantité de ces arbres qui croiffent aux environs, il
n'auroit pas manqué d'en repréfenter quelques-
uns, & d'embellir ces jardins & ces terraffes de
ces beaux grenadiers, & de ces arbres odorife-
rans dont on tiroit le baume. Cependant l'on
n'y voit rien de tout cela; & parmi tous les
arbres qu'il a peints, il n'y en a pas un qui reffemble au Palmier, quoi que cette efpece d'ar-
bre ait un privilege tout particulier de s'y rencontrer. Il n'eft pas vrai-femblable auffi qu'entre ces bâtimens dont il a pris tant de foin de
faire voir la belle Architecture, il eût ou-
blié l'Amphitheatre & l'Hypodrome qui contribuoient fi fort à la décoration de cette Ville, lui qui en figurant l'Egypte n'a jamais omis
les pyramides, les obelifques, & les autres chofes
qui font connoître ce Païs.

Or fi l'on ne voit rien ici de ce qui eft particulier à la Ville de Jerico, pourquoi donc ne
croira-t-on pas plûtôt que c'eft la Ville de Capharnaum que le Peintre a voulu repréfenter;
puifque c'étoit une grande Ville trés-peuplée
& remplie d'une infinité de magnifiques Pa-
E 5 lais,

(*) *Deuteron.* 34. *Judic.* 2. *&* 3. *Paral.* 28.

lais, & de riches maisons, comme étant la capitale & la plus considérable de la haute Galilée? L'on sçait qu'elle étoit située sur le bord du Jourdain à l'embouchure de la mer Tiberiade, dans le plus fertile & le plus agréable endroit du Païs; que ces lieux maritimes sont accompagnez de rochers, où d'ordinaire l'on bâtit des tours & des châteaux. Elle n'étoit distante que d'une petite lieuë d'une montagne qu'on appelle aujourd'hui le Mont de Christ, parce que nôtre Seigneur y alloit souvent, & que ce fut là qu'il prêcha les Beatitudes à ses Apôtres, & qu'il fit le miracle des sept pains & des petits poissons La montagne qui est peinte dans le Tableau, a beaucoup plus de rapport à celle-ci qu'au Mont de la Quarantaine, puis que ceux qui parlent de la Montagne de Christ, disent qu'elle n'est haute & escarpée que du côté de la mer de Galilée; (a] Que du côté de la terre elle s'éleve insensiblement par des colines cultivées, & couvertes de plantes & de fleurs trés-agréables. (*) Qu'au pied de cette montagne il y a une fontaine appellée de Capharnaum qui separe ses eaux en trois ruisseaux, dont le prémier se va rendre dans la mer entre sa source & la Ville de Capharnaum; le second passe par la Ville de Bethsaïde, & le troisiéme arrose la terre de Genesar. C'est du côté de la terre que le Peintre l'a représentée, parce que l'aspect en est plus agréable que du côté de la Mer.

Ce que l'on pourroit objecter est de sçavoir si

le

(a) *Zualart. lib. 4.* (*) *Adricom.*

le temps auquel nôtre Seigneur fit le miracle de Capharnaum eſt le même que Monſieur Pouſſin a prétendu repréſenter. Mais on peut répondre à cela qu'il eſt bien difficile de dire au vrai à quelle heure Jeſus-Chriſt fit ces deux actions. Car bien que Monſieur Bourdon ait comme aſſuré que ce fut le matin, néanmoins aprés avoir bien conſilié ce que les Evangeliſtes ont écrit de l'un & de l'autre miracle, on demeurera toûjours dans l'incertitude de la veritable heure qu'il pouvoit être. Et l'on dira ſeulement que le Peintre a choiſi le matin comme la plus belle partie du jour.

Mais ce qui doit convaincre tout le monde que c'eſt ici la repréſentation du miracle que Jeſus-Chriſt fit à Capharnaum au ſortir de la maiſon du Prince de la Synagogue, c'eſt qu'il eſt dit dans l'Ecriture, que quand il alla pour reſſuſciter la fille de ce Prince, il ne mena avec lui de tous ſes Diſciples que Jean, Pierre & Jacques, & qu'au retour il donna la vuë à deux aveugles. Ainſi ſelon toutes les apparences il n'avoit avec lui que ces mêmes Apôtres qui ſont ceux que Monſieur Pouſſin a fort bien repréſentez : Au lieu qu'au miracle de Jerico il étoit accompagné de tous ſes Apôtres, & ſuivi d'une multitude de peuple.

De ſorte que demeurant d'accord de toutes ces choſes qu'on ne peut raiſonnablement conteſter, il ſe trouvera que Monſieur Pouſſin a traité ſon Hiſtoire dans toute la vraiſemblance, & que bien loin de trouver quelque choſe à reprendre dans ſon Tableau, on

ſera

sera contraint d'avoüer que c'est un ouvrage
trés-accompli, & qu'on ne peut affez admirer. Car foit que l'on regarde la riche &
magnifique fituation de ce lieu, foit que l'on
confidere la belle & noble difpofition des figures, foit qu'on fe laiffe attirer les yeux par
la douceur & la vivacité des couleurs, foit
que l'on s'attache à examiner les lumieres fi
naturelles & fi bien entenduës, foit enfin qu'on
fe laiffe emporter l'efprit par la force & par
la grandeur des expreffions, l'on voit que toutes les chofes y font dans un état trés-par-
fait, & qu'en confiderant toutes les figures en
particulier, on croit même comprendre ce
qu'elles font & ce qu'elles penfent. On reconnoît par l'action du premier aveugle fa foi
& la confiance qu'il a en celui qui le touche. Dans le fecond on apperçoit à fon gef-
te qu'il cherche la même grace. Comme il
eft prefque ordinaire à toutes les perfonnes qui
font privées d'un des cinq fens d'avoir les autres meilleurs & plus fubtils, parce que les
efprits qui agiffent en eux, pour leur faire reconnoître ce qu'ils cherchent, fe meuvent a-
vec plus de force étans occupez en moins de
diferens endroits; ainfi ceux qui ont perdu la
vûë entendent ordinairement fort clair, & diftinguent affez bien ce qu'ils touchent. C'eft
ce que Monfieur Pouffin a voulu exprimer
dans ce dernier aveugle, & en quoi il a merveilleufement réüffi. Car l'on remarque dans
fon vifage & dans fes bras qu'il eft entierement appliqué à écoûter la voix du Sauveur,
& à le chercher. Cette application de l'ouïe

pa-

paroît dans son front qui est fort uni, & dont la peau & toutes les parties se retirent en haut : elle se connoît encore par une suspension de tous les mouvemens du visage qui demeurent dans un même état pour donner le temps à l'oreille de mieux entendre, & pour ne pas troubler son attention.

Comme il est naturel aux vieilles gens d'être défians & incredules, le Peintre à représenté un vieillard qui s'approche de fort prés pour regarder la guérison de l'aveugle. Il ne doute pas du véritable aveuglement de ces pauvres gens qui font connus dans le païs : mais il doute de la puissance du Medecin, ne pouvant se persuader qu'un homme puisse redonner la vûë par le seul attouchement de ses mains. C'est pourquoi il prend garde s'il n'employe point subtilement quelque remede ; & la curiosité se joignant à la défiance, il tâche de découvrir de quelle sorte leurs paupieres s'ouvriront. Pour cela il est si attentif à regarder que ses yeux en paroissent d'une grandeur extraordinaire ; ses sourcils font enflez ; son front est plein de rides, parce que tous les esprits étans portez vers la partie qui travaille font cause que tous les muscles s'enflent davantage vers ce lieu-là.

Cét homme vêtu de rouge & coiffé d'une espece de turban, ne s'arrête pas à regarder l'aveugle, mais il considere Jesus-Christ, & l'action qu'il lui voit faire étant une action toute extraordinaire, il paroît étonné, & dans l'admiration. Il admire en homme d'esprit qui médite

E 7

dite

dite fur ce qu’il voit :   il a les yeux attachez fur le vifage du Sauveur, comme pour y découvrir d’où peut venir cette vertu qui lui donne de fi grands avantages.

L’on voit dans cette autre figure qui s’a-vance pour regarder l’aveugle, que fon ef-prit & fa raifon n’agiffent pas tant à confide-rer la grandeur de celui qui guerit, que font fes yeux à remarquer ce qui fe paffe. Auffi la phyfionimie de cét homme ne paroît pas fort fpirituelle : il a la tête groffe mais chargée de chair, ce qui n’eft pas la marque d’un homme d’efprit.

L’autre figure qui tient le dernier aveugle, a la mine fort ruftique : & pour les trois Apôtres ils ont des airs de vifage trés-dife-rens. Il y a toute forte d’apparence, comme il a été dit que, Monfieur Pouffin a voulu repréfenter faint Jean, faint Pierre & faint Jac-ques qui étoient comme les trois favoris de nôtre Seigneur, & ceux qui l’ont toûjours ac-compagné dans les occafions où il a plus fait éclater fa gloire & fa puiffance. Celui des trois qui eft vêtu de jaune peut être pris pour faint Jacques, l’on ne voit fon vifage que de profil : mais il y a un certain air & une joye qui découvre le plaifir qu’il reçoit voyant ces pauvres aveugles s’approcher de fon Maître avec une foi fi grande. Pour faint Jean qui eft un jeune homme vêtu de rouge, il fem-ble qu’il regarde avec compaffion & dédain tout enfemble ce vieillard qui eft fi fort atta-ché à confiderer les yeux de l’aveugle, & qu’il obferve l’effet que ce miracle va faire dans cet-

te

te ame incrédule & curieuse. L'on voit sur le visage de ce même Saint des marques véritables de cét amour & de cette pureté qui l'ont rendu le bien-aimé du Fils de Dieu : & soit que l'on regarde la sérenité de son front, ou que l'on considere la grandeur & la vivacité de ses yeux, ou enfin que l'on observe cette couleur de chair si belle & si fraiche, il n'y a rien qui ne représente la bonté de son temperamment, & la pureté de son ame.

Quant à saint Pierre quoi qu'on ne voye que le haut de sa tête chauve & un de ses yeux, l'on découvre pourtant dans cét œil & dans son sourcil quelque chose qui témoigne son indignation contre ce peuple si endurci.

Ce que l'on peut ajoûter à ce que Monsieur Bourdon a dit des couleurs & des lumieres qui servent à faire fuir ou avancer les figures; c'est que non seulement toutes les couleurs des vêtemens sont amies les unes des autres, mais aussi que les figures sont disposées de telle sorte qu'on ne voit pas qu'une partie fort éclairée tombe aussi-tôt sur une autre aussi lumineuse, ni une grande ombre sur une autre ombre de même force. Lors que l'extrêmité d'une draperie claire vient à se terminer sur une autre, c'est d'ordinaire sur l'endroit où il y a une demi teinte. Ce qui s'observe pareillement dans les parties ombrées, dont les extrêmitez ne tombent pas sur les ombres les plus fortes. Et c'est ce qui sert à faire détacher les corps, & qui empêche que deux couleurs claires & proches l'une de l'autre ne vien-

nent.

nent tout enfemble fraper la vûë, & ne confondent les éfpeces qu'elles envoyent. Car ce qui caufe cette confufion qui éblouït d'ordinaire les yeux, c'eft lors que trop de parties illuminées font prés les unes des autres.

De même que les ombres étans confonduës enfemble, empêchent qu'on ne diftingue pas bien les corps, & qu'il ne paroît qu'une maffe obfcure trés-defagréable. Mais quand l'on garde une belle œconomie de couleurs & de lumieres, telle qu'elle paroît dans ce Tableau, alors l'on donne à fon ouvrage cette harmonie & cette union qui fait un agréable concert & une douceur charmante dont la vûë ne fe laffe jamais.

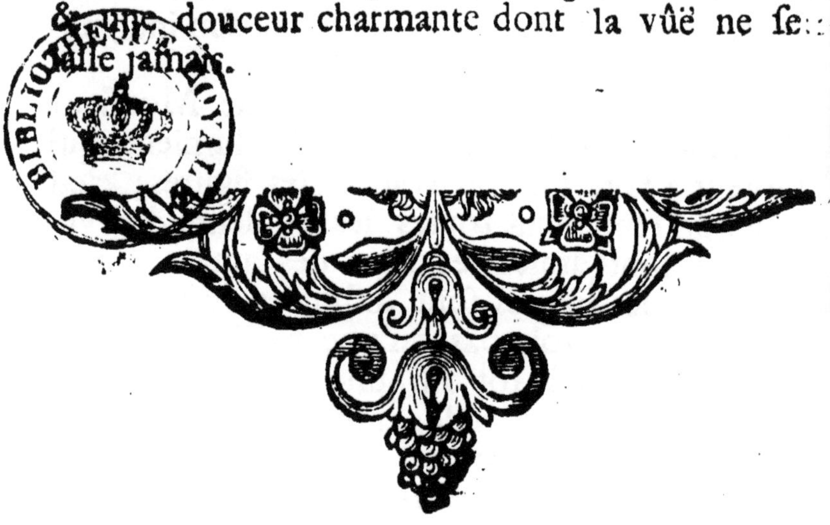

9 782329 558646